阿部公彦『理想のリスニ

正誤表

＊以下の誤りがございました。お詫びして訂正いたします。

38頁9行目

（誤）How are you going to do? → （正）What are you going to do?

38頁10行目

（誤）強く発音される How → （正）強く発音される What

38頁14行目

（誤）How are you going to do? の How から do

→ （正）What are you going to do? の What から do

38頁17行目

（誤）How are you going to do? → （正）What are you going to do?

38頁18行目

（誤）How から do → （正）What から do

38頁24行目

（誤）How are you going to do? → （正）What are you going to do?

38頁25行目

（誤）How と do → （正）What と do

39頁3行目

（誤）How と do → （正）What と do

146頁8行目

（誤）00:05-02:45 → （正）00:12-02:53

東京大学出版会

83081

Essence
of
Listening
Interesting Facts
about English and Us

音声●CD&Web

理想のリスニング

「人間的モヤモヤ」を聞きとる英語の世界

阿部公彦

東京大学出版会

Essence of Listening:
Interesting Facts about English and Us
Masahiko ABE
University of Tokyo Press, 2020
ISBN 978-4-13-083081-2

読者の皆さまへ

本書のねらい

　本書は英語リスニングをテーマにした本です．主な対象とするのは，英語を学習する人，英語の指導をする人，そして英語教育など関連領域に関心をもつ人です．とりわけリスニングに苦手意識のある人には役に立つと思いますので，是非手に取ってもらいたいです．

　本書は二部構成になっています．各章とも一般的な考察から出発しているので，関心に応じて途中からでも読み始められます．理論編では，なぜ英語学習の中心に「聞くこと」を据える必要があるのかを説明し，技術編ではより具体的に英語の仕組みについて考察しながら，その考え方や練習法などを提示します．両編を通して，「なぜそうした部分に着目するのか，なぜそうした練習が必要なのか」と土台のところから解説しているので，ご自分で練習方法を用意する際にも役立てていただけるのではないかと思います．最終的には，言葉の勉強がどのように人間理解を深め，「モヤモヤ」した部分を伝えあうことにつながるのかといった話題にも話を進め，語学学習の意義について考えています．

　何よりも英語の習得に関心がある方は，「今すぐに役立つ練習を提供してほしい」とお思いかもしれません．その場合は，通し番号をつけた音声付きの練習例を本文中に配置してありますので，まずはそうした練習からためしていただくのもいいかもしれません．そのうえで本文の解説を読んでいただければ，理解も深まるでしょう．リスニングはとにかく大量の練習が必要となります．本書に収録した練習問題を参考に，さまざまな場でトレーニング

を積んでいただくことが助けになります．そうしたトレーニングが，ひいては総合的な英語力の習得にもつながるでしょう．

本書の使い方

音声に関する印

　本書では強勢の位置は「ゝ」で示し，単語単位の強調ポイントは太字，切れ目は「/」などで示してあります．ただし，本文中でも説明するように，単語単位の強勢と，文の中での強勢は必ずしも一致しませんし，発話者によって違いもあります．練習する際には「正解」を求めることにこだわるよりも，強さやメリハリに耳を澄ます習慣を身につけるよう心がけていただければと思います．話者は強勢やイントネーション，場合によっては強調的な「ゆっくり読み」などさまざまな強調の手段によって音に「山」と「谷」をつくります．まずは，そのことを知っていただくことが重要です．

英語スクリプト・訳・解答例

　本書に▶［英語スクリプト］［訳］［解答例］などの表示がある場合，巻末に記載されています．

付属 CD と音声ウェブサイト

　練習例などの音声は，付属 CD と音声ウェブサイトの両方に収録されています．本書の⊕は CD，•))は音声ウェブサイトを示しているので，それぞれの媒体から音声を聞くことができます．ただし，CD には未収録のものが一部あるので，その場合は音声ウェブサイトをご利用いただくことになります．あらかじめご了承ください．

音声ウェブサイトへのアクセス

　音声ウェブサイトで音声を再生できます．別のウェブページへのリンクを示している場合もあります．URL と QR コードはこちらです。

http://www.utp.or.jp/special/Listening_audio/

特設ウェブサイトへのアクセス

　さらに，本書の内容を補う特設ウェブサイトもご用意しています．動画による解説などをアップしているのであわせてご活用ください．特設ウェブサイトでは，各章のまとめや補足を動画でご覧いただけます．また，本書の内容をさらに発展させた，新しい学習の方法も提案しています．

http://www.utp.or.jp/special/Listening/

目次

I　理論編

第1章　なぜ, まずリスニングなのか　「聞くこと」の深み ————————— 13

第2章　言葉はどう聞こえるか　「心地よさ」から「過剰さ」まで ————— 23

第3章　言葉をどう受け取るか　「強さ」の上手な使い道 ————————— 35

はじめに

何から始めるか

　英語の勉強はとりあえず何から始めるべきか？

　こんな質問をよく受けます．語学の習得には手間と時間がかかる．なるべく効率的に事を進めたいと思う人も多いでしょう．手っ取り早く「スキル」を身につけたい．

　しかし，「何から始めるべきか？」という問いに答えるのは容易ではありません．言語活動は，「言語」だけでは完結しない．たとえば感情や思考など，言葉の内にある複雑なものともかかわるし，社会の中で，相手に対しどう言葉を使うかなど外のことも大事．語学を学んだのに「現実には使えなかったぞ！」といった苦情が絶えないのもそのためです．残念ながら，一定の知識を習得しても「よし，これでオッケー！」ということにはならない．

　ただ，早めに準備するべきことは確実にあります．優先順位があるのです．たとえば言葉の意味を知らなければ，コミュニケーションにならない．最低限の単語は知っておきたい．また，言葉がどういうふうに意味を生み出すか，その仕組みを知ることも必要でしょう．だから語句や構文の知識は必要となる．いわゆる文法の知識です．

　単語と文法．古くから英語学習者に忌み嫌われてきた二つの言葉ですが，これらをしっかり習得しなければ語学の上達はありえません．逆に，基礎となる部分をしっかりやっておけば，ある段階からはぐっと楽になってきます．それこそ「現実の英語」を体験しながら，少しずつ前に進んでいける．

　しかし，何年か前から，単語や文法をやっても「使える英語」が身につか

ないという声もあがってきました．そのせいか，「もう学校では文法を教えるな」「単語は覚えるな」といった極端な意見も出てきました．学習指導要領まで，英語の授業で文法を教えることに対して抑制的になっています．ところが，そのせいで高校を卒業した人の英語力が落ちているという声もあちこちから聞かれます．本来，英語力をあげようとしてとった政策が，反対に英語力の低下に結びついているというのだから皮肉です．

　単語や文法を「悪者」に仕立てるのは行き過ぎでしょう．是正が必要です．ただ，前に戻せばいいというわけでもない．習得のプロセスで，まだ十分に注目されていないものがある．本書で扱うのはそこです．

言葉と「運動」

　私が注目したいのは，言語が"運動"だということです．口頭でやり取りするときはもちろん，読んだり書いたりするときも言葉はつねに動く．「読みやすい」「うまく書けない」といった感想を持つのも，言葉が時間の流れの中で「動くもの」として体験されるからです．

　ただ，厄介なことに，言語によって時間の流れ方は異なります．英語にも日本語にも中国語にも，独自のリズムや間合いがある．だから，新しい言語を習得することは，**新しい時間の流れ方を学ぶ**ということを意味します．言ってみればそれは，すでに動いている乗り物に飛び乗るようなものです．ちょっと怖い．足がすくむのが当然です．エスカレーターに乗るのだって，はじめてのときは怖かったはずです．イギリスのシェフィールド大学など，今でも「パーテル・ノステル」（「われらの父」の意）と呼ばれる飛び乗り式のエレベーター（エスカレーターではありません！）が残っているところがありますが，これにはじめて乗るときにはちょっとドキドキします．だから，乗るときに「われらの父！　救いたまえ！」という気持ちになるわけです．

　別の比喩を使えば，英語と日本語では自転車に乗るかブランコに乗るかというような違いがある．力の入れ具合や身体の動きが異なるのです．英語が「早い」と感じるのも，この運動性の違いのためです．ブランコに乗っていると思ったら自転車だった，となれば，どうしていいかわからなくなるでし

ょう.

　それぞれの言語特有の運動感覚を上手に身につけるためには,「聞く」という要素が大いに助けになります. 語彙や文法, 構文などももちろん必須. でも, それとともにもっと上手にリスニングに取り組むことで上達の効率はよくなるのではないかと私は考えています. 聞く練習は英語の運動感覚に慣れるための近道を提供してくれますし, ひいては単語や文法も含めた「体幹部分」を鍛えることにもつながります. また, 生涯にわたる言葉との付き合いのためにも非常に有用です. おもしろいことに,「聞く」ことに注目すると私たちがそもそもなぜ語学の勉強をするのか, その意味がはっきりしてくるのです. 残念ながら, そのことがまだ十分に理解されてはいない. とりわけ, 日本ではそう. 本書を書いたのは, このリスニングの潜在力を世に訴えるためです. 日本語話者には英語の習得が困難だということが歴史的にすでに明らかです. なぜそうなったのか. リスニングに注目することでその原因を見つめなおせば, 現状の打破につながるかもしれません.

「四技能」でほんとうに「使える英語」?

　2019 年は以前にも増して「英語」が話題になった年でした. とりわけ大学入試への英語民間試験導入問題は混乱も大きかっただけに世の注目を集めました. 発端は, こんな意見でした.「このグローバル化の時代に, 日本人はいつまでたっても英語がしゃべれない. 悪いのは英文読解ばかりやらせる大学入試だ. いっそセンター試験をやめて民間試験に変えてしまえ」. そんな提案がなされたのです.「センター試験は二技能だけど, 民間試験なら四技能のテスト. スピーキングもやる. これでしゃべれるようになるはずだ」というのです.

　ご存じのようにこの政策は実施寸前になって頓挫しました. 本格的な開始が近づくにつれて, 民間試験の活用には驚くほど多くの課題があることが表沙汰になり, 文部科学省もあれこれ対応を試みましたが, 文科大臣の失言もあって, 結局, 見送りに追い込まれます. もし強行していたらかなりの混乱が起きたにちがいありません. 行政の不手際に振り回された受験生や高校の

先生の間ではかなり不満が高まりました.

　しかし，これはあくまで延期．制度設計をやり直し，何とか民間試験の導入を果たそうというのが文科省とその背後にいる政治家の希望のようです. 依然として「四技能型のテストが必要だ」という声があるという.

　たしかに今回の入試騒動で注目されたのは，主に公正さや公平さの問題でした. 経済的・地域的な不公平さとあわせ，異なる民間試験を無理矢理紐づけることの難しさは誰が見ても明白でした. そのため，「運用面に課題はあったが，四技能という理念はまちがっておらず四技能を測る入試は必要」と言い続ける人はいる.

　しかし，私はこの「四技能」という理念そのものにいささかの疑念を抱いています. このあとに続く本文でも，英語の運用能力を別々に習得すべき技能として分断することの弊害に触れるつもりですが，その前に，ここでは「四技能」と「使える英語」や「実用英語」をめぐる考え方について整理しておこうと思います. どうも「四技能」をめぐる誤解はここから生まれていると感じられるからです.

英語の「本番」はどこ？

　実用英語という理念が掲げられるようになったのは 1970 年代のことです. もはや用語としては古臭く聞こえますが，「使える英語を学ぼう，教えよう」という言い方をする人はまだおられます.「四技能」という考え方の背後にも，「英語の運用を四つに分けてそれぞれテストすれば，使える英語が身につく」という発想があるようです. 今回，政策を推進しようとした人はみな判で押したようにこの「四技能」というフレーズを口にしましたし，慎重派や反対派の中にも「四技能という理念はまちがっていない」という方は相当数おられました. 念頭にあるのは，「現実の英語」という理想です. 英語の勉強も試験も「現実の英語」に似せるべきだ，という考えがある. 当然と言えば，当然です.「現実の英語」とかけ離れたことをやっても「現実」には使えない，と考えたくなる.

　しかし，この「本番に似たことをやれば，本番もきっとうまくいく」とい

う理屈には限界があります．スポーツでいえば，試合形式の練習ばかりやっても上達しない．より大事な部分を鍛えるための訓練も必要です．土台となる筋力がついていなければ，いくら実戦形式の練習をやっても成果はあがりません．受験生にとってよりわかりやすい例でいえば，志望校の赤本に載っている過去問を解くだけでは，決して学力があがらない．芯となる学力をつける方法は別のところにある．こうしたことは受験生なら誰でも知っていることです．

　言葉は複雑です．「英語の現実」とはいっても，言葉を実際に使う状況を再現するのはかなり難しい．それだけに，現実に似せて練習したり，テストしたりすることがいつも合理的だとは限りません．たとえば聞くテストにしても，書くテストにしても，その設定はあくまで人工的で，実際に私たちが直面する「現実の英語」の状況からはかけ離れている．その度合いがもっとも甚だしいのは話すテストでしょう．話すテストではタブレットに向かい，キーワードを用いて1分間で言えるだけのことを言いなさい，というような課題設定がなされますが，これは「現実の英語」ではまず起きない不自然な状況でしょう．

　テストへの過信は禁物です．この数十年，私たちはテストを現実に似せることに注力してきました．しかし，果たして私たちがほんとうに「現実の英語」をとらえたかというとおおいに疑問です．レストランに行くとか，遊園地のチケットを買うといった表向きだけの「実用らしさ」を設問に組み込めば一件落着と考えるのは，安易ではないでしょうか．

　この30年ほど流行してきたコミュニカティブ・アプローチは，なるべく「現実」の運用の中で自然に英語を身につけさせることを目指す方法です．教員の能力やクラスサイズなど一定の条件がそろえば，ある程度の効果は見込めると私も思いますが，これは決して唯一絶対の方法ではありません．ましてや日本の教室でこの方法にしがみつくことの弊害にはもう少し目を向けてもいいでしょう．

　今，私がとりわけ必要だと思うのは，日本語話者のためにこそ用意された習得の方法です．日本語話者は長いこと英語習得に失敗しつづけてきた．どうやら特注品が必要なのです．そのためには「現実の英語」に似せて勉強さ

せねばならないという「ミメーシス幻想」(「ミメーシス」とは「模倣」の意)からいったん自由になりたい。私たちは目先の現実や体験にとらわれることなく、より上手に現実に対処する方法をふだんから身につけています。スポーツでいえば筋トレや千本ノックのような集中的な特訓にあたる練習を、語学についても実践するべきでしょう。「現実の英語」に似せようとすればするほど、私たちはかえって「現実の英語」から遠ざかってしまう可能性があるのです。

四技能「均等」は可能か？

　もう一つ。私たちがどんな英語を目指したいのかということもあらためて確認する必要があります。入試改革に合わせて繰り返された「四技能均等」という理念には、とりあえず満遍なくいろいろなことができるというイメージがある。家電製品でいえば、「オールインワン」とか「多機能」「複合機」といった売り文句と似ています。しかし、この「四技能」という理念の土台にある、「均等」といった考えにはおかしな点もあります。

　日本語の場合で考えてみましょう。私たちの四技能は果たして「均等」なのでしょうか。たとえば自分が読むものを、自分でも書けるという人がどれくらいいるか。教科書や辞書やエッセイを読めても、そうしたものを自分でも同じように書けるという人はそんなにいません。ニュース番組や演説なども、聞いて理解はできても自分ではふつうはしゃべれない。つまり、母語でさえ、言語運用能力はでこぼこなのです。四つの技能は「バランスよく」でも「均等」でもない。ましてや英語でそれが「均等」になるなどというのは、実現不可能なファンタジーです。このように「四技能」という理念は、土台の部分があやふやなまま掲げられてきたのです。「現実の英語」を目指したはずなのに、その「現実」からかけ離れている。あらためて考えてみると、「四技能均等の人」にはほとんど人造人間のような不自然さしかありません。

　こうした無理な「均等」の理念を掲げ続ければ、結局、母語話者モデルに行き着くしかないでしょう。「すべての技能を均等に習得するというのは無理だから、ネイティヴスピーカーのようなバランスを目指せばいい」という

話になるわけです．今回，異なる業者テストを比べるための指標となる予定だった CEFR（ヨーロッパ言語共通参照枠）にも，そうした理想が見え隠れします．

　しかし，日本の英語教育は果たして，それでいいのでしょうか．日本における「英語の現実」を考えてみましょう．日常生活ではほとんど英語に触れない．一年に一度でも英語を使う人は，全人口のごく一部です．その状況で，「母語話者モデル」を目指して意味があるのでしょうか．合理的な根拠が見えません．そもそも外国語を母語話者並みのレベルにもっていくのはとてもたいへんです．多くの人にとっては，おそらく実現不可能でしょう．母語と外国語では活用される脳の部位が違うという研究もある．[1]人によって割ける時間も，上達可能性も，使用目的も限られているのですから，自分にとって役に立つ力をこそ伸ばすべきではないでしょうか．語学もダイバーシティの時代です．杓子定規な「均等理念」の押しつけは時代錯誤的です．

ポスト四技能の時代

　将来，「グローバル人材」となる人は英語を使う可能性は高いでしょう．しかし，たとえ同じように「グローバル人材」であっても，どのような場でどのように英語を使うかは，人によって異なる．国連で活躍する「グローバル人材」もいれば，ユニクロの海外支店で働く「グローバル人材」もいる．中にはハワイでおむすび屋さんをやる「グローバル人材」もいるでしょう．こうした広範なグローバル人材の領域のすべてを学校教育でカバーするのはとても無理です．ならば，まずは芯となる体幹部分を鍛え，その先は必要に応じて自分で磨くというプランを立てるほうが合理的でしょう．学校段階で，形だけの「実用英語」や「グローバル英語」を掲げても，先にはつながりません．

　四技能を連呼すればいい時代は終わりました．英語の運用方法は 4 つどころか，7 つだとか，もっと細かく 10 〜 20 に分けたほうがいいといった意見もあります．杓子定規な「四」にこだわることに意味はありません．これからはポスト四技能の時代．英語学習の整理の仕方は多様で力点の置き方もさ

まざまなのが当然です．「自分はプレゼンの練習が大事だと思う」「いや，何といっても精読でしょう」「究極はラブレターの書き方」などいろいろな主張があっておかしくない．語学にはその人なりの入り口があるのです．

とはいえ，言語能力は四つバラバラになどなっていないので，どの入り口から入っても，いずれ「体幹部分」にたどり着かざるをえないし，嫌でも他の「技能」との連携も体験する．私が本書で示すのはリスニングを入り口としたものですが，もちろん，読むこと，書くこと，話すこととも連動する．それはあくまで数ある入り口の一つだということです．もっと自分にぴったりくる入り口もあるかもしれません．そういう意味では「理想のスピーキング」とか「理想の英単語」といった本があってもいいでしょうが，ひとまずは私なりのこだわりをもって，なぜリスニングなのかを説明していきたいと思います．

本書の概要

本書は理論編と技術編の二部で構成されています．どの章から読み始めても大丈夫な書き方をしてありますので，目次を確認のうえ，興味をもてそうな頁から繰っていただければ幸いです．以下に概要をまとめます．

理論編では，まず第 1 章と第 2 章で，なぜリスニングを重視する必要があるかを説明します．その際，導入のために言葉の「うまさ」「心地良さ」といった点に注目します．これに続けて第 3 章ではリスニングを強化するとどのような利点があるかを，コミュニケーションにおける「強さ」という概念にからめて考えます．第 4 章ではそれをどう学習過程に取り込むかを検討します．今，流行しているのは「グローバル・スタンダード」というフレーズですが，もしほんとうに日本語話者ばかりが英語で苦労するとするなら，そうした汎用モデルの学習法では十分ではないということになります．むしろ日本語話者向けのテイラーメイドの学習法について考えたい．この章では「一点聞き」を活用しつつ，切れ目をとらえる勘の養い方についても解説します．第 5 章では「耳の記憶」を鍛える練習法，第 6 章では身体や空間感覚という切り口で提案をします．主張したいのは，「実用英語」という考えに

はもはやあまり有用性がなく，「実存英語」という見方が必要だということです．第7章はもう少し巨視的なスタンスから，なぜそもそも私たちは言葉を聞こうとするのかという視点で，「聞き届け」という行為に注目します．これが，本書の最終テーマでもある「人間を聞く」という話につながっていきます．

技術編では，理論編で触れたいくつかの問題について，より詳しく技術的に扱い，具体的な練習法などについて提案します．第8章ではストレス・アクセントの「山」のとらえ方に，第9章ではリスニングと「切れ目」のとらえ方に，第10章では「名前」の聞き方，第11章では身体と空間にフォーカスします．本書の副題にも入れた「人間を聞く」という理想については，第7章とあわせ，第12章にもまとめてあります．

本書は「聞くこと」を扱っていますので，音声素材も利用します．付属CDやウェブサイトで例題などの音声が聞けるようになっていますので，是非，ご活用ください．

ただし，本書は「これだけでばっちし！」というような網羅的なものではありません．練習のためのアイデアを提供する場だとお考えください．リスニングについて何をすればいいかは本書である程度説明してありますが，あとは実践．現在，ネット上にも英語の音源はあふれています．いくらでも無料でリスニングの練習はできます．そんな中で，よりおもしろく，かつ効率的なやり方がこれからも提案されるでしょう．そうした方法を共有できるような場もいずれは作られるのではないかと期待しています．

「はじめに」の
ポイント

□ 　学習の優先順位
□ 　言語の運動性
□ 　四技能の限界
□ 　英語学習の現実

I

理論編

第 1 章 なぜ，まずリスニングなのか
「聞くこと」の深み

「四技能」という区別を疑ってみよう

　「はじめに」でも触れたように，「四技能」という用語がこの数年，頻繁に使われるようになりました．英語学習を文法事項の確認や読解練習だけで終わらせてはいけない，もっとバランスよくやろうということで，「読む」「書く」「聞く」「話す」の満遍ない習得が目標に掲げられるようになったのです．

　こうした試みには一定の効果があると私は思います．これまでバランスが悪かったのなら，その是正にもつながるでしょう．しかし，限界もあります．それは一つには，こうした「満遍のない習得」が中等教育（中学・高校）の段階で可能なのかが疑わしいからです．基礎知識の習得でも手一杯なのに，「読む」「書く」「聞く」「話す」を全部完璧にやるという目標をかかげても無理なのではないか，中途半端になるだけではないか，肝心の基礎力が落ちるだけではないか，ということです．

　二つ目の疑念としては，「四つ均等」にこだわるのがほんとうに合理的なのか，ということがあります．子どもの発達状況に応じて適切な順番を考慮するほうが合理的なのではないか，そのほうがスムーズに英語力が身につくのではないか，ということ．「はじめに」でも説明したように，日本語の「読む」「書く」「聞く」「話す」を考えてみても，四つの技能なるものが同じくらい身についている人はいません．偏りがあるのがふつう．これは発達段階によって言葉との付き合い方が異なる上，個人差も大きいからです．とりわけ文章を書く力となると，かなり年齢が上になってもまだまだ発展途上となりがちです．これは日本語でも英語でも同じでしょう．

最後の疑念は，より根本的なものです．そもそも言語活動をきれいに四つの分野に分けることなどできるのか，ということです．たとえば「話す」とは頭の中で英作文を書くようなものだ，という人がいます．そうした見方をとるなら，書くことと話すことを区別することに大きな意味はない．頭の使い方がかなり重なるのだから，両者を組み合わせた学習のほうが効果的でしょう．「読む」ことと「聞く」ことも重なる．文章を読んでいるときに言葉の音が聞こえてくるようだと感じる人もいます．それ以外にも，たとえば日本語での体験を考えても，読んだ文章からキーワードを拾いながら発言するということはよくあるでしょう．四つの技能はこのように区別しがたいほどからみ合っています．杓子定規に「四」の区分にこだわっても意味がないどころか，むしろ学習のさまたげにさえなります．

「聞く」vs「読む」「書く」「話す」

　四技能という用語は新しいものではありません．これまでも「読む」「書く」「聞く」「話す」という区分は使われてきた．当たり前のように．それでさほど問題が生じなかったのは，これが便宜的な分け方にすぎないという了解をみなが共有していたからです．今，その区分けが独り歩きして「四技能を均等にやらねばならぬ」と言われ始めた．その結果，いろいろとおかしなことが生じてきました．たとえば語彙やフレーズはどの「技能」に区分するのか．当然，どれにも入ります．たとえば文法は？　構文の知識は？　こう考えると，中等教育では四技能などという区別に過度にこだわる前にやらなければならないことがたくさんあることがはっきりしてきます．

　今私たちがすべきなのは，この「四」という区分を疑うことです．果たして「読む」「書く」「聞く」「話す」はほんとうに同等と見なすことができるのでしょうか．むしろ，それぞれの違いを見極め，どの段階で，どれを，どんなふうに取り入れるべきかを検討する必要があるのではないか．

　そこで注目したいのが**「聞く」ことの特殊性**なのです．たとえば「読む」「書く」「話す」は圧倒的に「する」ことです．うまくいくどうかは別として，この三つはある程度自分で「よし，やるぞ」と意識的にコントロールして行

うことができる．意志の力によって，始めたり終わったりすることができる．そういう意味では「読む」「書く」「話す」は「行為らしさ」が強いのです．これらに取り組んでいるとき，私たちはより主体らしく振る舞っている．

これに対し「聞く」はちょっと違います．「耳に入ってくる」という言い方からもわかるように，「聞く」はコントロールが難しいのです．耳はスイッチオンやオフが簡単ではない．聞きたくないときも，文字通りに耳をふさぐことはできない．耳栓をしたり，その場から立ち退いたりという物理的な手段に訴えるしかないのです．

自分から能動的に聞こうとするときにも，できることは限られています．聞くことはもともと受動性が強いので，「えい！」と集中して聞こうとしても，いつの間にか聞くのをやめてしまっていたり，あるいは聞くつもりのない他のことに耳がいってしまったりする．なかなか思い通りにいかない．

これは困った．どうしたらいいのか．どうしたらうまく聞けるのか．この本ではそのことを考えたいと思っているわけです．

「聞く」の深み

しかし，「聞く」ことの行為としての限界や難しさに着目すると，その奥深さも見えてきます．ドイツの哲学者マルティン・ハイデガーの有名な用語の一つに「被投性（thrown-ness）」（ドイツ語の原文では Geworfenheit）というものがあります．過去は現在に先立ってあり，人間にはもはや変えられないものであって，私たちの「今」は先行する過去の縛りに「投げ込まれている」状態だというのです．この thrown-ness という受け身形には，人間の根源的な受動性が示唆されています．

「聞く」ことは，この「投げ込まれている」状態を思い出させます．私たちは他者の言葉をコントロールすることはできない．だから，「聞く」とはつねに先行する他者の行為を**追いかける**ということなのです．「聞く」とき，私たちはやや遅れて，他者の言葉に追いついているにすぎない．そこからは賛意や共感が生まれることもあれば，反発や嫌悪につながることもある．引用したり批評したりもしたくなる．私たちが「意見を述べる」「自分の考え

を言う」と言うとき，その出発点はほぼ必ず「聞く」ことにあるのです．「聞く」という受け身の行為が，「意見」や「考え」を生み出している．

　とはいえ，私たちがいつも受け身で遅れているわけではありません．たとえば私たちは他者の言葉を予測し，**待ち伏せることができる**．そうすることで，ある程度主体的に，他者の言葉に対応することは可能である．また，そもそも他者の言葉は，それに先立つ私たち自身の言葉への反応であり追随であるのかもしれない．ということは，私たちは自分の発する言葉を通して，他者の言葉に影響を与え，場合によってはコントロールすることもできる．

　こう見てくると，「聞く」ことに限らず「話す」ことや「書く」ことも含め，言葉の運用というものが，かなり入り組んだ依存関係の網の目の中にあることがわかってきます．相手を追いかけるばかりだと思っていた行為が，実は自分の行為に発している．ところが，そんな自分の行為も，翻って，相手に対する追いかけを発端にしているのかもしれない．すごくややこしい．この目がまわるような入り組んだ錯綜性こそが言葉の実態だとするなら，いったいどうすればいいのでしょう．

　しかし，私たちは案外上手に言葉を使いこなしています．書いたりしゃべったりがうまくいかなくて悩み苦しむこともももちろんあるけれど，大きく見れば，少なくとも母語でそれほど四苦八苦している人はあまりいないでしょう．自分が慣れた領域の中では，言葉を使っているということを意識することなく，苦もなくしゃべったり聞いたり，読んだり書いたりしている．いったいなぜ，私たちは言葉を使えてしまうのでしょう．

　私たちのこの不思議な対応力を理解するには，言葉を上手に使うとはどういうことか，あらためて考えてみる必要があります．先に確認したように，言葉というものはごく単純なやり取りでも，一皮めくると，誰が，誰に対して，何を言う，というような単純な主客関係では説明しつくせない場合が多いのです．自分で話しているつもりでも，実は他者の言葉を繰り返している．自分で書いているつもりでも読んだばかりの誰かの言葉に反応している．ましてや読むとなれば，まずは相手の言葉の懐に飛び込まないと，批判も批評もおぼつかない．ここに共通してあるのは，徹底的な受動性です．人間が生得的に持っている**受動の技術**．この受動性を上手に身につけた人こそが，言

葉を上手に使えるのではないか.

「聞く」と受動の技術

このように受動性を「技術」などと称して持ち上げると, よからぬ政治性が隠されているのではないかと疑う人もいるでしょう. 今は主体性の時代. 自分で判断し, 行動することが大事. 偉い人の言うことに黙ってついていけばいいわけではないし, そうした態度には権力に迎合する危うさがある, と.

そもそも現代人が得意なのは, 自分から「する」ことのはずです. 私たちは「やり遂げることは善」という教育を受けて育ってきました. 自分の意志で自分をコントロールし, 自分が目指した地点まで自分をもっていかねばならない. それだけに, 意志の力に頼らずに何事かを成し遂げろと言われても, 今一つイメージがわかない. 難しさを感じてしまうのです.

とりわけ言葉の習得ではそう.「他人任せ」や「受け身」という言語モデルでは, 生徒にやる気があればあるほど, 学習のステップが用意しにくい.「よし, やろう」と積極的に事に取りかかりにくいからです. それなら, 自分で何とかできる行為として,「読む」「書く」「話す」などから始めたほうが, やりやすいのではないか.「あなた任せ」の「聞く」は後回しにして,「やろう」と思ったときにできることをやったほうがモチベーションがあがりそうです.

しかし, 自分でやれることをやるだけの言語習得は, いずれ壁にぶつかります. どんなに意志の力でがんばったとしても, 言葉との取り組みの中で**私たちは必ず受動的になることを余儀なくされます**. この壁を乗りこえなければ, 先には進めません. 言葉はほんとうに奥深い.「なぜ自分は言葉を使えるのだろう?」と思わず自問してしまうような不思議な瞬間がある. それは自分の力ではどうにもならないと思えるようなことを, なぜか自分でできてしまう瞬間なのです. 主体的なのに受動的でもあるようなそんな瞬間を, 母語以外の言語でも実現させるためには, 自分の中にすでに埋め込まれている「受動の技術」を磨く必要がある.

それを助けるのが「聞く」ことなのです.「聞く」ことを通し, 言葉のも

っている奥深い部分に到達することができます．真の意味での上達は，この「奥深い部分」への接近なしには実現されません．自分でできることをやるのは大事だし，そうやってモチベーションを高めることには意味がありますが，いずれはぶつかる壁を越えるためには，「聞く」を通した「受動の技術」の鍛錬が必要なのです．

言葉が「うまい」とは？

　この壁をとりわけ痛感させるのは，「うまさ」が問題になるときです．私たちはしばしば言語運用ができるかどうかだけではなく，そのレベルを話題にします．「あの人はレベルが高い」「たどたどしい」といったふうに誰もが運用力に敏感に反応します．それを可視化するためのテストも古くから行われてきました．

　「話す」ことについては，日本では「英語ぺらぺら」といった言い方がよく使われてきました．この言い方は実際にはかなりいい加減なもので，きちんとした内容を明晰に話すことより，口調や態度が「それっぽい」ことと関係づけられています．英語をふだんほとんど使わない人ほどこうした形容に飛びつくので，どうしても「ぺらぺら」は安い理想として軽く見られがちです．

　ただ，CEFR（ヨーロッパ言語共通参照枠）というヨーロッパで使われている参照枠でも，上級レベルになると「話す」ことについては effortlessly とか fluently といった用語が使われています．日本でよく使われる「ぺらぺら」とは少々異なる形ではあっても，どうやら英語をはじめとしたヨーロッパの言語でも，よどみなさが評価されるらしいのです．

　そこであらためて考えてみましょう．「よどみなさ」が言語運用の上達や洗練と結びつけられるのは，いったいなぜなのでしょう．おもしろいのは，日本語で話すときはこうした流麗さへの信仰があまりかかわらなくて，むしろ木訥としたしゃべり方のほうが信頼を得る場合があることです．日本語のこうした例をあわせて考えればわかるように，必ずしも「よどみなさ」は絶対的な評価基準ではないのです．たまたま，「よどみなさ」が評価される地

域や言語があるということなのです.

　これは，英語などのヨーロッパ語では，よどみなくしゃべるほうが自然に感じられるからかもしれません．日本語ではよどみなくしゃべることが，必ずしも自然ではない．むしろ不自然に聞こえることさえあります．ところが，あらためて言うとかえっておかしくも聞こえるのですが，英語話者の多くはだいたい流麗にしゃべるらしいということなのです.

　何だ当たり前のことじゃないか，と言う人もいるかもしれません．しかし，果たしてそうでしょうか．よどみなくしゃべるのは決して当たり前のことではありません．現に，英語が母国語ではなく，その使用に慣れていない人には，流麗にしゃべるのは決して簡単なことではありません．母語話者でも何らかの事情でうまくしゃべれない人はいます．にもかかわらずそれが「当たり前」とされているとするなら，それは，よどみなくしゃべることが社会的な要請としてある，そのために人々はそうするように訓練されている，そしてそこから逸脱すると「不自然」とか「逸脱的」という烙印をおされてしまう，というふうに考えるべきではないでしょうか.

　ではなぜ，英語などの言語ではよどみなくしゃべることが「自然」なこととして，社会的に半ば強制されるのでしょう．なぜ「よどみなくしゃべるべきだ」という拘束が話者に対して働くのか．ここからが大事なところです.

言語の心地良さ

　ここで一歩踏みこんでみましょう．私が指摘したいのは，よどみなくしゃべるほうが，聞いている方にとって「心地良い」のではないか，ということです．だから，よどみなさは強制されてきたのではないか.

　誤解しないでいただきたいのですが，「心地良い」は審美的な判断ではありません．言葉の運用で「心地良さ」が重要なのは，それが以下のような要素と結びつくからです.

　　(1) わかりやすい．内容が頭に入りやすい.
　　(2) ストレスがない．親密で拒絶反応を引き起こしにくい.

(3) 話し手について好印象を与える．その知性や社会的地位，人格的な円満さを示唆する．

(4) 聞いているほうが，生理的な快感を得る．よい気分になる．

　こうした要素はいずれも言語によるコミュニケーションを円滑にする大事なものばかり．「よどみなさ」には合理性があると言いたくなるでしょう．たしかにここには一定の意味があると私も思います．ただ，「よどみなさ」は，話す側（そして書く側）だけで実現される価値ではないということも忘れてはいけません．つまり，受け手にあたる「聞く」側や「読む」側にも，「よどみなさ」を受容する力がなければ，「よどみなさ」はその本来の役割を果たせないのです．

　ここで英語学習の話に戻りましょう．なぜなら，ここがまさに日本語話者にとっての悲劇と喜劇の始まりだったからです．私たちは英語で称揚される「よどみなさ」の価値を「話す」ことばかりに見てきた．「ぺらぺらの話し手」ばかりを理想化してきた．しかし，自然によどみなくしゃべることの効用を生かすのにほんとうに大事なのは，**「よどみなさ」の価値がわかる聞き手になること**なのです．いずれ自身が話者としてよどみなく英語を話すのだとしても，その効用を自分で聞き手として体験している必要がある．よどみなくしゃべる人の言葉を「わかりやすい」「親しみがわく」と感じたり，それを快感だと経験として知ってはじめて，人は「よどみなさのコミュニティ」の一員となることができるからです．

　ところが日本の「英語ぺらぺら信仰」では，よどみなく話される英語の本来の効用には目が向けられず，「ネイティヴスピーカーの流暢な英語はスピードが速いからたいへんだ．負けずにがんばろう」といったポイントばかりが強調される．こうなると，よどみない英語が「心地良さ」どころか苦難の原因となっていることがわかるでしょう．だから学習者の努力も，この苦難をどうやって乗り越えるか，という方向に向けられてしまいます．よどみない英語の本来の効用を意識するよりも，上っ面のスピード感ばかりに注意がいき，肝心の「わかりやすさ」や「親しみ」といった要素は考慮されなくなってしまう．そのため，よどみなさを通していったい何をしたいのかが意識

されないまま，ただスピードアップにこだわるという，ゆがんだ言語観が行き渡ることになります．

「よどみなさ」や「自然さ」に意味があるとするなら，それは「心地良さ」や「わかりやすさ」の創出のためだということをあらためて確認しましょう．それが何よりの効果．ならば，私たちがまず学ぶべきは「よどみなさ」のもつ「心地良さ」や「わかりやすさ」をとらえられる力と感受性ではないでしょうか．そこを鍛えなければ，何を目指して英語学習を行うかが一向に見えてこない．ネイティヴスピーカーのふりをして高速英語をしゃべるのは決して最終到達点ではないのです．

　こうした能力を鍛えるのにもっとも大事なのは，音声との接触です．もちろん読解を通してそれを感じ取ることも可能．作文の練習の中で，それを鍛えることもできるでしょう．自分で声に出して，言葉の「心地良さ」を知るということもある．しかし，「心地良さ」という言い方にすでに含意されているように，「心地良さ」とは本来，受動的なものです．言葉の運動に身を任せ，脱力し，楽になる．そのためのコツを知ることこそが，言葉の深みへの第一歩となるのです．次の章ではそのあたりを考えてみましょう．

第 1 章の **ポイント**

- [ ] **四技能は等価ではない．「聞く」ことの特殊性**
- [ ] **受動性を鍛えるために**
- [ ] **言葉の「うまさ」とは?**
- [ ] **言葉が「心地良い」のはどんなときか?**

第 2 章

言葉はどう聞こえるか
「心地良さ」から「過剰さ」まで

皮膚感覚と言語コミュニケーション

　傳田光洋さんという皮膚の研究者が『皮膚感覚と人間のこころ』の中でおもしろい説を展開しています.[1] 人類は約 120 万年前に体毛を失いました. それまでは人類は「毛づくろい」を通して互いに快感を与え合いコミュニケーションを行ってきたとのこと. しかし, 体毛を失うことで, 人類はこの道具を失ってしまったのです. その後, 人類が体毛にかわるものとして言語を獲得したのは約 20 万年前で, それから現在に至るまで, 言葉は人類にとって最大のコミュニケーションの道具となってきました. 言葉によって人類は互いに愛撫し, 抱擁し, 慰め合ってきたのです. しかし, 体毛を失ってから言葉を得るまでの 100 万年の間, ヒトはいったいどうしていたのか？ そこで大きな機能を果たしていたのが, コミュニケーション装置としての皮膚だった, というのです.

　この仮説には, 二つの興味深い点がからんでいます. 一つは言語によるコミュニケーションが, 一種の愛撫の役割を果たしているということ. これはすでに多くの人が多かれ少なかれ認識していることでしょうが, あらためてそれが「毛づくろい」や「皮膚感覚」にも通ずると言われると, なるほど, と合点がいきます. この点はさらに深めて追究したいところです.

　しかし, 逆の視点から見るともう一つおもしろいことに気づきます. 「皮膚感覚」や, さらに遡った「毛づくろい」には, 言語と同じくらいの微妙かつ効果的な表現力があるという. これも驚くべきことではないでしょうか. 毛づくろいがコミュニケーションの道具だったのは約 120 万年前. そのメカ

ニズムを想像するのは簡単ではありません．ヘアサロンでのシャンプーのひとときが至福という人がいますが，あれが近いのでしょうか．他方，「皮膚感覚」という用語は今でもよく口にされ，何となく気になっているという人は多いかもしれません．傳田さんによれば，皮膚は情報を読み取ったりエネルギーを制御したりするたいへん賢い装置．いろいろなセンサーが埋め込まれており，光を感じることもできれば音もとらえられる．皮膚温の低下を通して，恋人の気持ちが冷めたことを見抜く人もいるそうです．

　「毛づくろい」にしても「皮膚感覚」にしても，送り手と受け手とがかかわる行為です．シグナルの読み取りが大事．しかし，それは機械的な信号の送受信ではありません．相手からのさまざまな信号が，快感や痛み，温度の感覚などとともに伝えられる．いずれのコミュニケーションにおいてもセンサーの基盤となっているのは「心地良さ」です．そこからのずれ加減を通して，微妙なニュアンスが伝えられる．

　言語は皮膚よりはもっと洗練された装置です．快不快からかなり自由になって，さまざまな情報を冷静に送ったり，読み取ったりできる．私たちが語学の習得というとき，とりわけ「スキル」といったことを話題にするとき，念頭に置いているのは感覚的な交流よりも，緻密な情報のやり取りでしょう．当然のステップだとは思います．

　しかし，私たちが言語を使うとき，快不快から完全に自由なわけではありません．普段意識しているよりも見えにくい部分で，私たちのコミュニケーションには快不快がからむ．いわゆる情緒のやり取りが正面切って行われるような場（たとえば恋愛的場面など）だけではなく，ニュートラルに信号がやり取りされていると思えるような局面でも，「心地良さ」は重要な要因となっています．そこを見逃すと，言語習得のプロセスは偏ったものになり，うまくいかなくなる．

「心地良さ」と協調性

　この「心地良さ」の機能を理解するには，ポール・グライスが示した「協調の原理」を参照すると役に立ちそうです．グライスは人間が他者と円滑な

コミュニケーションを果たすために暗黙の約束をしていると考えました．具体的には，以下の四つの「公準」が共有されているとしたのです．[2]

(1) 量の公準

　会話を行う際，情報を過不足なく相手に提供すること．足りなくても，多すぎてもいけない．

(2) 質の公準

　適切で確かな情報を与えなければならない．

(3) 関連性の公準

　話題と関連することにしぼって言わなければならない．関係ないことを言ってはいけない．

(4) 作法の公準

　明瞭に話さなければならない．曖昧さは避ける．順序を追って簡潔に話す必要がある．

　非常に合理的なコミュニケーション観です．「量」「質」「関連性」「明瞭さ」といった要素はいずれも情報伝達の効率性に照準をあてています．

　しかし，このような一見，合理的に見えるコミュニケーションのモデルを想定したとしても，その周囲を取り巻くのは，合理性だけではとらえきれない人間の性癖でもあります．現実の場面を想像してみましょう．たとえば用事があってある人に質問をしたときに，延々と関係のない話をされたとしたら，みなさんはどのように感じるでしょう．それを顔に表すかどうかは別として，多少イライラするのではないでしょうか．あるいはパソコンのメールがうまく送れないのでソフトに詳しい人に原因を尋ねたところ，ことこまかにプログラムの成り立ちの説明をされてしまった．その場合はどうでしょう？　イライラではないかもしれませんが，「途方に暮れる」「不安になる」といったところでしょうか．

　ここから見えてくるのは，たとえ「毛づくろい」ではなく言語によるコミュニケーションであっても，私たちはしばしばその成否を感覚的・情緒的にとらえるということです．効率性の高さや欠如に，「心地良さ」や「心地悪

さ」という感覚を通して反応する．もちろん，私はそれを推奨しているわけではありません．相手の話が曖昧だったり，無関係のことばかりが延々と続いたりするからといっていちいちイライラするのはよくない．なるべく冷静に対応するほうが，最終的にはコミュニケーションの成功に至る可能性が高そうです．しかし，私たちの心のメカニズムはそのようにはデザインされていないのです．もともとが愛撫の装置であったものを情報のやり取りに転用しているので，しばしば情緒的だったり感覚的だったりする部分が顔をのぞかせる．それがむしろ宿命だと言ってもいいでしょう．

逸脱の力

こう考えてくると，言葉との適切な付き合い方とはどのようなものかがあらためて気になります．私たちはつい，言葉に合理性や効率性を期待する．論理や実用の名のもとに，機械のような正確さを要求してしまう．たしかに近代科学は，言葉を限りなく物の世界に近づけようとしてきました．そのことを通して人間は，物の世界を言葉的に理解できるようになった．これはすごいことです．

しかし，言葉は物の世界と完全に一致することはない．そして，そのことがむしろ言葉の可能性を保証してもいます．たとえば，言葉は物の世界から自由に虚構の世界をつくりあげることができる．私たちは言葉を使って嘘をつくことができるのです．あるいは今ある世界のあり方を批判して，新しい未来図を描くこともできる．また同一の表現なのに，正反対の二つの意味を持つこともできる．こうした言葉と物とのずれのおかげでこそ，人間は物の優位に立てるとも言えます．

これに加えて重要なのが，私たちが透明で合理的だと思っている言葉の使い方にしっかりと「心地良さ」という要素が入り込んでいるということなのです．先ほどのグライスの公準では過不足のない「量」や，適切で確かな「質」という要素があげられています．しかし，誰もが知っているように，実際のコミュニケーションではしばしば過剰さや不足が横行します．

少し脱線になるかもしれませんが，ここで武田百合子さんというエッセイ

ストの作品の一節を引用したいと思います．武田さんは小説家武田泰淳の妻でしたが，泰淳の死後，書きためていた日記を出版し，それが大人気となったのをきっかけに文筆家として活躍するようになりました．その武田さんに『日日雑記』という日記風のエッセイをまとめた本があります．奇妙でおもしろい人物がいろいろ出てくるのですが，どの人にもリアリティがあって，「ああこういう人，いるよねえ」と思わせられる．Ｏ氏はそんな一人です．

　　　Ｏ氏は，「人間ちゃんとしっかりと食べとかなくちゃ」をくり返し，ひっきりなしに鍋の中をかきまわしては，黒くなるほど煮え震えている肉を，自分の分までせっせとくれたり，嗄がれ声を張り上げて卵のお代わりを頼んでくれたりするので，私は十二分のもてなしをうけているな，と満足した．[3]

　料理屋で鍋を食べている様子が描かれているようです．引用したのはそのほんの一節ですが，たったこれだけの描写なのに，ここにはＯ氏という人の人柄が如実に表れています．どうしてそれほど人柄が伝わってくるのでしょう．

　そこで大きな意味を持つのが，Ｏ氏が同じことを何度も言ったり，同じこと（「ひっきりなしに鍋の中をかきまわしては」）を何度もやったりする人だということです．Ｏ氏のそんな仕草を見ると，何となく人柄がわかったような気になる．しなくてもいいことや言わなくてもいいことを，こんなふうに過剰にするというだけで，その人の大事な部分が見えてくる．

　グライスの公準に照らしてみると，「人間ちゃんとしっかりと食べとかなくちゃ」という，言っても言わなくてもいいような当たり前のことを何度も繰り返すというのは，チェックポイントの多くで×が付きそうです．「量」としては多すぎる．「質」としても適切でない．「関連性」もあやしい．唯一問題ないのは「曖昧さがない」ということだけでしょうか．

　そんなＯ氏の様子を私たちはどう感じるでしょう．あるいはこの文章の書き手はどう考えているのか．「満足した」とあるので，基本的には好意を持っているのでしょう．ひょっとすると「少し面倒くさい」「そろそろいい

よ」とも思っているかもしれませんが，他方で「この人はおもしろい」「もっと見ていたい」「一緒にいるとわりと楽しい」と思っている可能性もある．確実に言えるのは，Ｏ氏という人の過剰さにこの文章の書き手が強い印象を受け，その文章を読んでいる私たちも同じような刺激を受けるということです．

　現実には，私たちのコミュニケーションはこうした過剰さや過少さと直面することが非常に多いのではないでしょうか．基本ルールとしてはグライスの公準にあるような合理性が前提とされているかもしれない．でも，私たちが人間関係を築く際，目を向けるのは，その人がどんなふうにルールから逸脱しているかということでもある．

　そういう意味では，私たちはつねに非効率的で非合理的な部分に対するセンサーを起動させているのです．他者を見極め，自分にとってその人がどんな意味を持つかを判断するのにもっとも役に立つのは，この逸脱感知の仕組みなのですから．

「言葉を使いすぎる」ということ

　この例から見えてくるのは，私たちの言語運用が透明性や効率性を掲げながらも，実際にはそれとは別の原理にも動かされているということです．はっきり言葉にならない「モヤモヤ」の部分があるのです．とりわけ今見たような「過剰さ」は重要です．逸脱例の多くは，言葉が多すぎたり，言わなくていいことを言ったりといったことなので，自然，私たちは過剰さに敏感になります．平たい言い方をすれば，人間はつい言葉を使いすぎる．だから，その調整や見極めも必要になってくる．

　あらためてこの章の冒頭で取り上げた「毛づくろい」や「皮膚感覚」のことを思い出してみましょう．こうした行為が「愛撫」として機能していたとするなら，そしてその延長上に言語というものがあるなら，言葉が過剰に使われる理由も理解できるかもしれません．

　個人差があるとはいえ，私たち人間はついしなくてもいいことをするように作られています．その最たる例が「欲望」．私たちは必要以上のものを食

べ，必要以上に眠り，必要以上に買い物をし，ときには必要以上に異性や同性に興味を持つ．そもそも生きるということ自体が，過剰さにまみれているのかもしれません．放っておいてもあふれ出してしまうようにして，自分の意思に関係なく，まずは生きてしまうのが人間．ときにはそれを制御したり方向を向け変えたりする必要も生ずる．我慢もする．「放っておいても生きてしまう」からこそ，ブレーキ機能がないと困るわけです．

　私たちの言葉との付き合い方は，この宿命的な過剰さをぬきにしては語れないのです．私たちはどうしても過剰に愛してしまう．過剰に欲望してしまう．そして，そうした過剰さを反映するようにして，過剰に言葉を使ってしまう．だから，ちょうど他者の過剰な愛や欲望に敏感にならざるをえないのと同じように，過剰な言葉にも対応せざるをえない．しかし，そんなとき警戒したり，反発したり，嫌だと思うこともあるけれど，逆に過剰さに心地良さを感じたり，ほっとしたり，ときには涙が出るような思いになることもある．それが人間の文化というものです．

　いずれにしても言葉の過剰さとどのように付き合うかは，言語運用のうえでは非常に重要です．言葉のルールを覚えるのと同じくらいのエネルギーを使って，その逸脱の作法についても知っておく必要がある．人間同士がお互いの「モヤモヤ」した部分を理解しながらうまくやっていくためには，他者の過剰さの受け止め方に慣れておく必要があるのです．そのためにも「聞く」ことは大きな助けとなります．

「過剰さ」を聞く

　では，他者の言葉の過剰さを受け止めるには，どのように「聞き方」を鍛えればいいのでしょう．この問題はより根本的なリスニングの技術ともつながってきます．システマティックな訓練方法は本書の技術編で説明しますが，今，まず指摘しておきたいのは，どんな言語にも「強調」という作用があるということです．日本語にももちろんある．英語でも中国語でもスワヒリ語でもある．

　しかし，言語によって「強調」との付き合い方は異なります．今，私たち

が注目しようとしているのは英語なので，「強調」が英語でどんな機能を果たしているかを確認してみましょう．

　まず少しでも英語の勉強をしたことがある人なら，英語にはストレス・アクセントという音声のシステムがあり，これが意味を伝えるのに大きな役割を果たしているということを知っているでしょう．土台となるのは単語ごとのアクセント．語のどの音節にストレスがくるかが決まっています．

　このレベルのストレスは，個人が「よし！　この音節を強く言おう」と勝手に決められるものではありませんが，個々のストレスの強さはあくまで相対的なものなので，話者がストレスの部分を通常より強く言うとか，ストレスがない部分との差をことさらに引き立てて発声することで，何らかの「意図」を表現するといったことは可能です．

　さて，こうした単語レベルのストレスの上には，フレーズ・レベルや文レベルのストレスや，さらにはパラグラフ・レベルでのストレスがあります．ここまでくると，明らかに話者の意図が反映されるようになります．話者は自分が伝えたい意味を強調するために，その場の必要に応じたストレスのバランスを自分の発話に盛り込むことになる．そこにはさらにイントネーションと呼ばれる抑揚もからんできますし，声量や顔つき，身振りなども効果を持ちます．

　ということは，私たちにとって非常に重要なのは，そうした「強調」の身振りを耳や目でとらえ，話者の意図を理解することになります．そのためには何が必要か．答は明白でしょう．「強調」の身振りをとらえるためには，どこが「強調」されているか，そのポイントをしっかりととらえればいい．

　しかし，そこが実は日本語話者にとっては最大のネックでもあるのです．まず日本語には，英語のようなストレス・アクセントのシステムはありません．だからストレスを通して単語の骨格を表現し，さらにはその土台の上に文単位，パラグラフ単位の強調のうねりを表現するという作法を私たちは知らないのです．

　知らないなら学べばいい，ということになるでしょう．しかし，それが難しいのです．**英語リスニングの最大の困難は，このストレス・アクセント習得の困難から来ていると言っても過言ではありません．**

ここには二つの問題が同時にからんでいます．一つは，そもそも英語学習の過程でストレス・アクセントをうまく身につけられないことが大きな障害を引き起こしているということ．この基礎力の欠如が「聞く」ことだけではなく，「話す」ことにも悪影響を及ぼします．ストレス・アクセントを無視して言葉を発声しても，相手には伝わらない．もちろん相手の言っていることもうまく聞き取れない．

　しかし，このレベルとは別に，より奥の深い二つ目の問題もここではからんできます．この章では言葉の「心地良さ」と「過剰さ」との密接な関係をたどってきましたが，ストレス・アクセントを習得していなければ，英語ではどのような筋道で強調が行われるかも理解できないのです．

　「奥の深い」と言ったのは，言語の運用が決して表層的な情報のやり取りには終わらないからです．言語運用をたどると「毛づくろい」があり「皮膚感覚」があり「愛撫」がある．情緒のやり取りは言葉のもっとも本質的な部分を構成します．だからこそ過剰さへの対応も必要となる．当然ながら，自分でも英語を通して過剰さを表出する必要が出てくるでしょう．

　ストレス・アクセントが身につけられなければ，言葉が「わかる」という基礎の部分が習得できないとともに，将来的には英語を通しての「過剰さ」や「心地良さ」の体験ができないということにもなります．これでは英語の世界を生きることはできません．それぐらいなら，情報のやり取りは通訳に頼ったり機械翻訳ですませたりしたほうがよほど効率がいいのではないでしょうか．

「何となく」が見えるように

　もちろん英語の「心地良さ」や「過剰さ」は，強調ポイントの把握だけでは十分に体験できません．強調ポイントがどのように配置されているか，その順番やタイミング，組み合わせなどもおおいにからんできます．したがって，リスニングの練習もそのあたりを視野におさめなければならない．そのためには，技術編でも示すように，強調ポイントの把握だけではなく，強調ポイントの構成によって生み出される「切れ目」のニュアンスをどう読むか

ということが重要になってきます.

　こうしたことを念頭に置いた練習を行えば, 言語運用のほんとうの深みに足を踏み入れていけます. 言葉というのはなかなか恐ろしいものなのです.「感情の伝染」(emotional contagion) という言葉をご存じでしょうか. ふつう感情は個人の心と連動していると考えられています. 一人一人が心の中に隠し持っているもの. 表に出すこともあるけれど, 我慢して, 蓋をして, 外に出さないようにすることもある. 感情の責任をとるのは, 感情の"持ち主"である個人です. だからこそ, 人柄を見極めるときには, その感情のあり方が注目されることが多い.

　しかし「感情の伝染」という概念は, 個人固有のものであるはずの感情が, まるでインフルエンザのように他者から感染することを示唆します. こうした視点は, 全体主義的な熱狂などがどうして生ずるかを理解する助けになります. 実際, 「場の雰囲気」というものを体験したことがある人は多いでしょう. 集団の中にいて思わず盛り上がってしまう. あるいは逆に凍りついたような冷たさにぶつかって, 何も言えなくなる. そんなふうに, 特定の個人が何かをしたわけでもないのに, 何となく「場」の磁場のようなものが形成され, 個人の感情もそれに支配されるということはよくあります.

　この「場の雰囲気」の何となくを生み出すのは, しばしば言葉の使われ方なのです. 情報として明示的には表現されていなくても, 口調や, 強調ポイントの組み合わせ, 発話のテンポなどから気分が表出される. むしろそうした「不可視的」なものからこそ気分は滲み出してくるのだとさえ言えるでしょう.

　しかし, そうした雰囲気が「不可視」だと思ってしまうのは, いわゆる「情報内容」にばかり目がいってるからです. 実際には雰囲気は「可視的」なのです. 言葉の使われ方や, とくにその過剰さの表れを確認してみると, しっかりと気分の発生源を突き止めることができる. だから, そこに注目することで, これまで見えていなかったものも見えてくるようになるわけです. そうすれば, 言葉の影響力がいったいどのように集団に広がっていくかもわかってくるでしょう.

第2章の
ポイント

☐ **言葉とスキンシップ**

☐ **コミュニケーションの暗黙の了解**

☐ **逸脱と過剰さの効用**

☐ **強調のための方法**

☐ **「モヤモヤ」の理解**

第3章 言葉をどう受け取るか
「強さ」の上手な使い道

意味のある意味

言葉は意味を持つものです．たとえ発信者が意味を持たせるつもりがなくても，宿命的に意味を持ってしまう．しかし，しばしば私たちが忘れがちなのは，言葉には「意味のある意味」と「意味のない意味」があるということです．文章の一部に組み込まれた言葉は必ず何らかの役割を果たします．私たちはその機能を説明したり，言い換えたり，外国語に翻訳したりすることで，その「意味」をとらえることができます．

しかし，そうした意味とは異なるレベルの意味があります．文章の中でも，とくに話者や書き手が力点を置き，是非とも伝えたいと思っているところ．これらは意図，ポイント，強調点などと呼ばれます．この部分がとらえられなければ，言語運用は失敗だと言っていいでしょう．「意味のない意味」も，「意味のある意味」を伝えるためにこそある．

前章で確認したのは，そうした「意味のある意味」の部分がしばしば合理性や効率性では割り切れない「過剰さ」や，「心地良さ／心地悪さ」といった感覚的な要因とともに伝えられるということでした．

この章では，そうした強調のポイントを的確にとらえるためにはどのような準備をしたらいいか考えてみたいと思います．

英語はどう聞こえるか

前章でも触れたように，どの英語の教科書にも必ず「英語にはストレス・

アクセントがある」「ストレスの置かれる強音節とストレスの置かれない弱音節との組み合わせが英語の音の土台をつくっている」といったことが書かれています．この「弱」と「強」の組み合わせには以下のようにいくつかのパターンがあります．

　　弱・強（New Yórk）　　　強・弱（Lóndon）
　　弱・弱・強（Tennessée）　強・弱・弱（Léningrad）

　おもしろいのは，こうした弱音節と強音節の組み合わせのパターンをわざと何度も繰り返すと，耳に響きのいいリズムが生み出されるということです．ちょうど日本語で五音節の句と七音節の句を交互させると特有の調子が生まれ，耳にも残りやすいのと同じで，英語では弱音節と強音節の組み合わせを工夫することで耳に残るような調子をつくることができるのです．別の言い方をすると，英語では音節の強さと弱さの入れかわりが音の運動の基本パターンをつくるのであり，そこからさまざまな効果が生み出されるということです．
　英語の詩がこの特性を利用して韻律法に生かしているのもそのためです．たとえばウィリアム・ワーズワスの "I wandered lonely as a cloud" という作品の出だしは次のように書かれています．

🔊 »)01

I wandered lonely as a cloud
That floats on high o'er vales and hills,

［訳］
谷を越え山を越えて空高く流れてゆく
白い一片の雲のように，私は独り悄然としてさまよっていた

（平井正穂訳）[1]

この詩では語り手が若い頃の体験を回想しています．湖のほとりでラッパ水仙の一群と出会ったときの喜びが，少々大げさなほどにはずむような調子で語られるのです．特に冒頭部には，その楽しげな様子がたっぷり出ています．

　ところで，そこにある言葉のリズムにもお気づきでしょうか．音節の強弱に注目すると，この箇所には次のような「入れ替わりの型」があることがわかります．印を付けたのがストレスで音節が強められている部分です．「弱・強」というパターンが繰り返されています．

I wán|-dered lóne|-ly ás | a clóud
That flóats | on hígh | o'er váles | and hílls.

　このように「弱・強／弱・強／弱・強……」というふうに「弱」と「強」の組み合わせを繰り返す詩行は「弱強歩格」（iamb）を持つと言われます．これは英詩の中でもももっともよく使われる「型」なのですが，おそらくそれは日常会話のリズムと近いせいではないかと言われています．シェイクスピアの芝居などでも，この「弱強歩格」をベースにしたセリフが多く見られますが，それは「弱・強」というリズムが耳に心地良く聞こえ，雄弁さや流麗さを出すのに有効であると同時に，英語の発話としても自然に聞こえるためでしょう．

　もちろん，日常会話ではこのようにあからさまに規則的にしゃべる人はふつうはいません．ただ，一生懸命何かを強調しようとしてしゃべっている人の言葉に耳を傾けてみると，弱と強が交互するようなリズムが聞こえてくると感じられることがあります．そうした発言を紙に書き取って「弱」と「強」の部分に印を付けていっても（これは韻律分析の方法で「スキャンジョン（scansion）」と呼ばれます），「弱・弱・弱・強／弱・強／弱・弱・強」といったふうになっていてあまり規則性は見られないことが多いのですが，耳で聞くとまるで「弱・強／弱・強／弱・強」のように聞こえたりします．これは「弱」の音節はわりに軽めに発語されるので，複数の「弱」があっても，「弱」と「強」が同じくらいの比率に聞こえるためと考えられます．一般の発話の

場合も，強と強の間の長さは音節数にかかわらず，だいたい同じくらいに聞こえるとされます．

「等間隔」をめぐる誤解

ただ，英語のこうした性質は，英語学習の世界ではときに誤った受け取られ方をされています．ある参考書の説明を見てみましょう．

> 英語の文章の強いところというのは，時間的にはほぼ等間隔に出てくるということを覚えてください．
> 例えば，How are you? を□□□と強弱強の形で発音したとします．同じく強いところが二カ所ある How are you going to do? の場合□□□□□□となり，強く発音される How と次の強いところ do の間には弱いところが五つも出てきます．
> ところが英語のリズムには強いところは時間的に等間隔に現れるという性質があるため How are you? の How から you に移行する時間とほぼ同じ時間で How are you going to do? の How から do までを読まなければなりません．[2]

「等間隔」についての解説はとてもわかりやすいと思います．ただ，その後の「How are you? の How から you に移行する時間とほぼ同じ時間で How are you going to do? の How から do までを読まなければなりません」というような説明は少々ミスリーディングかもしれません．ほんとうにそのようなスピードで「読まなければならない」のでしょうか？ 「英語はスピードが速い」とか「ネイティヴスピーカーの英語は高速だ」といった考えが広まってしまうのも，原因はこうした誤解にありそうです．

ここでは「等間隔」はあくまで結果だと考えるべきなのです．つまり，こういうふうに考えてはどうでしょう．How are you? や How are you going to do? の How と you，もしくは How と do といった語を強く発音すると，自然とその間が「等間隔」に聞こえるのだ，と．私たちの呼吸の量はだいたい一

定で，一つの「強」に伴う呼吸の量もだいたい決まっている．他方，強勢の
ない単語の数はそれほど呼吸を消費しないので柔軟に増やしたり減らしたり
できる．だから，How と you や How と do などをしっかり強めに発音すると，
強と強の間は語数にかかわらず自然と等間隔になってくるのではないかとい
うことです．はじめから「何とか等間隔にせ・ね・ば・な・ら・な・い」と誤ったところ
に注意を向けるとおかしなことになります．別に弱いところを時間をかけて
言ったからといって大きな問題が生ずるわけではありません．

　次の箇所も同じような問題を引き起こす可能性があります．

　　このように強いところにはさまれた弱いところは，その数が多ければ多
　　いほど，速く読まれ，ときにはくずれ，聞き取りにくくなるわけです．
　　次の例をごらんください．

　　　（1）What are you?　　　　　□□□
　　　（2）What are you doing?　　　□□□□□
　　　（3）What are you going to do?　□□□□□□□

　　（1）から（3）へ移行するにつれて，文章はだんだん長くなりますが，
　　強いところの数は二カ所と同じですから，（1），（2），（3）いずれを読む
　　にもほぼ同じ時間で読まなければなりません．[3]

　英語の性質の記述としてはまちがっていません．ただ，気になるのは「そ
の数が多ければ多いほど，速く読まれ，ときにはくずれ，聞き取りにくくな
る」というところを読んで，学習者がどう考えるかです．この部分を，たと
えば「その数が多ければ多いほど，速く読まれ，ときにはくずれ，聞き取り
にくくな・ら・ね・ば・な・ら・な・い」と受け取ってしまう人はいないでしょうか．

　弱が続く部分は，決してわざと聞き取りにくくしてあるわけではありませ
ん．速いか遅いか，くずれているかどうか，聞き取りにくいかどうかなどが
ポイントではないのです．強い音節と弱い音節とをメリハリをつけて言うこ
とが大事．慣れてない人にはそのようなところは聞き取りにくく感じられる

かもしれないけれど，聞き方がわかっている人にはちゃんと伝わるし，そのほうがコミュニケーションが全体として円滑になされるということです．言うまでもなく，わざわざ聞き取りにくくして「ネイティヴスピーカー風」を演出する必要などまったくありません．

　下記にあげたようなフレーズでもそうしたことが確認できるでしょう．発声の練習にも使っていただければと思います．

◉ ꜜ) 02

Can I ask you something?

Could you open the window?

How about a cup of coffee?

How do you know?

What happened to the train service?

So what?

Anything else?　　　　　　　　　　　　　　　▶ [訳] [解答例]

英語的「強さ」はどう表現されるか

　こうしたことを頭に入れたうえで，前章で話題にした「強調」や「過剰さ」との付き合い方をあらためて考えてみましょう．英語の「強調」は，まずはストレスのおかれる音節の「強さ」として現れる．しかし，強調は唯一の点として出現するわけではないのです．むしろ弱さと強さとが交互に何度も現れる．ということは，ここで重要なのは「繰り返し」だということです．

　英語のストレス・アクセントでは，細かく「強音節」という「強さ」のポイントがあるので，何かを強調するときに一点に注意を向けるのではなく，細かい「強さ」の繰り返しとその集積として強調点がつくられるということです．

　それが明確に表れているのは，英語の演説などでよくある列挙の手法です．

学校の英語の時間で習った人も多いと思いますが，キング牧師の演説などはその典型です．[4] よく知られているようにこの演説は黒人の解放を訴えたものです．出だし近くのこの段落では，いかにアメリカにおいて黒人が抑圧されているかが強調されています．

　下線で示した部分は繰り返しになっており，それに続く部分が異なる事柄を列挙しています．

⊘ �))03

But <u>one hundred years later</u>, the Negro still is not free. <u>One hundred years later</u>, the life of the Negro is still sadly crippled by the manacles of segregation and the chains of discrimination. <u>One hundred years later</u>, the Negro lives on a lonely island of poverty in the midst of a vast ocean of material prosperity. <u>One hundred years later</u>, the Negro is still languished in the corners of American society and finds himself an exile in his own land. And so we've come here today to dramatize a shameful condition.

[訳]
しかし，<u>100年経った今でも</u>，黒人はまだ自由ではありません．<u>100年経った今でも</u>，黒人の生活は悲しいことに，差別や分け隔てという足かせと鎖によってがんじがらめになっています．<u>100年経った今も</u>，物質的な繁栄を謳歌する広大な海の真ん中にぽつんとある貧困の島に黒人は住んでいます．<u>100年経った今も</u>，黒人はまだアメリカ社会のあちこちの片隅で苦しみ，母国にいるのにさながら流刑にあったかのようです．ですから，今日ここに来たのは，この惨状を示して訴えるためなのです．

話者の論点がいわばリスト化されているわけで，その構造をわかりやすく示すと以下のようになります．

But <u>one hundred years later</u>, the Negro still is not free.

<u>One hundred years later</u>, the life of the Negro is still sadly crippled
      by the manacles of segregation and the chains of discrimination.

<u>One hundred years later</u>, the Negro lives on a lonely island of
      poverty in the midst of a vast ocean of material prosperity.

<u>One hundred years later</u>, the Negro is still languished in the corners
      of American society and finds himself an exile in his own land.
    ↓

And so we've come here today to dramatize a shameful condition.

　冒頭部で One hundred years later という反復があるおかげで，いかにも「今，似たようなものを列挙しているのですよ」というシグナルが発せられ，聞いているほうも「なるほど．ここは並べ立てているのか．そういう心づもりで聞こう」という心構えができます．One hundred years later という部分がなくても，おそらく聞き手は「ああ，ここは列挙だな」とわかるはずですが，この反復シグナルのおかげでより構造がわかりやすくなっているのはたしかです．

　キング牧師の演説はかなり極端な例ですが，英語では日常的にこうした列挙モードが使われています．そこでは強調と反復との組み合わせが効果を生み出し，さらには「心地良さ」にもつながっています．

　こうした列挙は日本語に翻訳することも可能です．しかし，どこか間延びして感じられもします．日本語は土台のところに「強」と「弱」が交替するような繰り返しのリズムを持っていないのです．こうした列挙を持続させるための構造が日本語にはないということです．前章のO氏の例にも見られたように，しつこく何事かを繰り返す人は日本でもいくらでもいます．しかし，その繰り返しが，英語では一種の言語的なパフォーマンスとして演出されやすいのに対し，日本語の場合は「繰り返した」というふうには書かれても，列挙などの手法とともにパフォーマンスとして差し出されることは少な

いのです.

「あ, 始まったな」の知恵

　では日本語であまり使われない, こうしたリストアップの手法と上手に付き合うにはどうすればいいでしょう. まず, こうした列挙が使われている用例とたくさん接するのが役に立つということは言うまでもないでしょう. そもそも英語ではこうした言い方をよくするので, 演説でなくとも, 日常会話でもニュースでもディスカッションでも, いくらでも列挙と反復の用例を耳にすることができます.

　たとえば次にあげるのは, 2020年春の新型コロナウイルス感染拡大をめぐる『ニューヨーク・タイムズ』(*The New York Times*) 紙の記事の抜粋です.[5] 出だしでは, 執筆者が数ヵ月前を振り返り, アメリカ社会の不公平さや格差に焦点をあてようとしていたことを回想します. しかし, 大事なテーマだけど, あまりによく取り上げられてきたから, 読者も食傷気味かもしれない. どういうふうに扱おうか悩んだ, と言います. そこへコロナ危機が襲った. そしてコロナは, まさに自分たちが取り上げようと思っていた問題を, 鋭利な形で突きつけてきた, というのです.

　そこからが引用部です. コロナが襲ったアメリカがいったいどんな状態に陥ったかが, 貧困や格差という視点から示されています. スクリプトを見ながら音声を聞き, どのあたりが列挙になっているか下線を引いてみて下さい. なお, 本書で引用するこうした素材では, これまで聞いたことのない慣用的な表現や俗語, また現在では差別語とされる単語も出てくるかもしれませんが, そうした未知の表現と出会いつつ内容を理解しなければならない状況は現実には非常によくあるので, これも練習の一環だと考えてチャレンジすることが可能です. 引用部の訳は209頁にありますが, すぐ訳を見るのではなく, まずは音声だけからどれだけ全体の流れがつかめるか試してみるといいと思います.

Sick people, lacking paid leave, couldn't afford to stop working. Others who lost their jobs lost their health insurance, too. White-collar workers on lockdown discovered they were counting on people without health care to endanger themselves by delivering food. Poor children began falling farther behind in school simply because their parents couldn't afford the internet access other kids took for granted. African-Americans in states like Louisiana began dying in numbers out of all proportion to their share of the population. The coronavirus was a serious blow. But it quickly became obvious that America's pre-existing conditions had left the country far weaker and more vulnerable than it should have been.   ▶ [訳]

　この箇所での列挙はかなり長いです．最初の行から始まって9行目まで (Sick people...their share of the population.)，文末のピリオドを越えて続きます．ま さにこの列挙の長さが示すように，アメリカ社会における公平性の欠如は， 世代や地域を越えて広がっているのです．記事はこうして社会に蔓延する問 題を並べ立てて見せることで，社会にもともとあった問題をコロナが明るみ にしたにすぎないのだ，という主張を展開します．

　こうした用例に耳が慣れてくると，たとえば話者が「列挙モード」に入っ たときに，聞いていても「あ，始まったな」と勘が働きやすくなります．こ の感覚はなかなか便利です．なぜなら，「あ，始まったな」と感じられるよ うになれば，話者の狙いをしっかり受け止めたうえで，列挙に伴いがちなテ ンポの良さにもうまくついていくことができるからです．

　たとえば列挙がよく使われるのは，すでに言いたいことがある程度明確に 示されていて，その証拠などを例示するという場合です．先のキング牧師の 演説で言えば，あの段落では「アメリカの黒人はまだまだ解放されていな

い」というポイントが明確にあって，それが少しずつ視点を変えながら繰り返し述べられているわけです．こういう場合，列挙されている事例の一つ一つの議論を精査しなくても，すでに議論の方向は提示されているわけですから，ある程度楽に話が聞けます．聞き手はいわば大船に乗ったような気分で，話の流れに乗れるわけです．

　この「楽に話が聞ける」ということと，これまで見てきた「心地良さ」とがつながっていることには注意したいです．私たちが本を読んだり話を聞いたりして，「説得力があった」「読んでいて興奮した」といった感想を持つとき，どこかでこの「楽に話が聞ける」という要素がからんでいます．逆に言えば，相手に強く訴え「意味のある意味」を表したいとき，つまり自分の強調したいポイントを相手に強さとともに伝えたいとき，相手に「楽に話が聞ける」と感じさせることはとても大事なのです．

　かつて 16 世紀の詩人フィリップ・シドニーは，詩の最大の役割が教訓などを「快楽」とともに語ることにあると言っていました．この詩論は，狭い意味での文学論の枠組みを越えて，今でも言葉に関する金言として生きていると思います．

私たちはいつ失敗するか

　列挙や反復をとらえる「耳」を持つことは，英語のコミュニケーションの全般でもとても有益です．これはどんなときに私たちが失敗するかを考えてみると，よりわかるかと思います．誰かと会話していて，「あ，間違えた．そういうことではなかったのか」と思うのはどんなときか．入試問題でも問われやすいところ．受験生が間違いやすいところです．

　何といっても私たちが間違えやすいのは，**否定が関係するところ**です．相手が何を肯定し，何を否定しようとしているのか．これはコミュニケーションの根幹にかかわります．しかし，証拠や例が列挙されていくうちに，どれが肯定され，どれが否定されているのかわからなくなることがある．

　これと密接にからむのが仮定法でしょう．仮定法は現実ではない．むしろ現実とは対になっていると考えたほうがいい．あくまで現実を離れた仮定の

こととして，物事を列挙するのは英語でよく見られるレトリックです．ところが，あくまで仮定のこととして列挙されているだけなのに，私たちはそれを現実ととりちがえてしまうことがある．これも肯定／否定のとりちがえと似たような失策につながります．

　次の用例も 2020 年春の新型コロナウイルス感染拡大の影響を伝えるもので，英国の『ガーディアン』(*The Guardian*) 紙に掲載された文章の一部です．[6] ここではコロナウィルスが蔓延しはじめた当初の楽観的な予測を振り返りつつ，実は蔓延初期にすでに経済はかなりまずい状況にあったのだとあらためて指摘しています．もともと悪い状況にあったところに，コロナが襲ったわけですから，回復といってもそう簡単にはいかない，というのが話の流れです．この素材の音声では，「現実」の部分と「仮定」や「否定」の部分の聞き分けの練習ができます．細部が聞き取れなくても，話し手のトーンで「ここからは仮定だな」とわかるかもしれません．否定や仮定を含んだ部分に下線を引いてみてください．

🔖 ♪)) 05

When this outbreak first began, all the talk was of a sharp but mercifully short economic sting in the tail. The downturn triggered by putting everyday life on hold to halt the infection should, we were told, be V-shaped: a shock, but one from which we'd soon bounce back. Like many comforting predictions in the early days of this pandemic, that is beginning to look alarmingly over-confident.

The first problem with picking up exactly where we left off is that where we left off was already in trouble. Today's GDP figures, covering the three-month period to February when the coronavirus had started to nibble at the travel and tourism industry but we were weeks away from lockdown, show economic growth virtually flatlining at 0.1% overall and falling in the final four weeks. Far from enjoying some mythical "Boris bounce", we may have been teetering on the verge of a recession, as business confidence dried up in the face of a potentially hard Brexit. The fear is that the economic aftermath of this crisis, like the virus itself, might be toughest on those with pre-existing conditions—including otherwise thriving western countries choosing this moment in history to shoot themselves in the foot. ▶ [訳]

上記の文章の中から，以下に数ヵ所を抜粋しました．いずれも現実として提示されているのではなく，否定，仮定，未定などのニュアンスが入っているところです．仮定法であれば，通常は if で導かれることで明らかにそれとわかるので，if という語や動詞の仮定法を聞き取れれば問題ないのですが，そのような明確な印がないと，ちょっとした前置詞や接続詞を聞き逃しただけで意味の方向を勘違いしてしまうということが起きえます．ここの例でも，いずれも if が使われていません．かわりに太字で示したような語句が入ることで，「これは仮に言っているだけで，正しいことであったり，事実であったりするとは限らない」というメッセージが内包されます．とくに①などは，話の流れがとらえられていないと，この部分が否定されるということもわからないでしょう．

[1 段落]

①The downturn triggered by putting everyday life on hold to halt the infection should, **we were told**, be V-shaped: a shock, but one from which we'd soon bounce back.

[2 段落]

②**The first problem with** picking up exactly where we left off is that where we left off was already in trouble.

③**Far from** enjoying some mythical "Boris bounce", we may have
been teetering on the verge of a recession, as business confidence
dried up in the face of a potentially hard Brexit.

こうした箇所を正しく聞き取るのに必要なのは，話者の態度や意向の理解です．とくに「ここからは仮に言うだけだよ」というシグナルはうまくとらえたい．私たちが誤解するときには，文脈もしくは話の土台の勘違いがからんでいます．私たちの言語によるやり取りはつねに「文脈とりちがえ」の危険にさらされているということです．細かい語句の意味はわかっても，それらの語句がどのような結論に向かって使われているのか，話者がほんとうに強調したいのはどのようなことかがわからなければ，コミュニケーションは失敗します．

それゆえ，口頭でのやり取りではとくに，私たちは誤解の解消や文脈の摺り合わせに多くのエネルギーを費やします．こうした摺り合わせや歩み寄りは accommodation と呼ばれ研究の対象ともなっていますが，実際，会話などでは，透明なメッセージの投げ合いが行われることはむしろ少ないと言ってもいいでしょう．暗黙のうちに「そもそも私たちはなぜ今，会話しているのだろう？」と確認することから始まって，「話の前提」を摺り合わせ，誤解を解消し，少しずつお互いの意向を知っていくというのが会話の重要なプロセスです．会話をすることの意味はここにあるとさえ言ってもいいくらいです．

そうした意向を聞き取るためには，「弱」と「強」の交替するリズムをとらえつつ，列挙や繰り返しの「心地良さ」と「楽さ」を受け止め，それらを通して最終的な強調ポイントを間違いなく受け取るということが大事になってきます．こうした列挙や反復は書き言葉でも使われますし，むしろレトリックとしては活字化されたときのほうが目につきやすいのですが，ベースにあるのは音声．したがって，ストレス・アクセントの働き具合を耳にしっかり馴染ませ，書き言葉を黙読したときにもそうしたリズムが聞こえてくるぐらいに内面化すれば，安定した読解力も得られるでしょう．

次の章では，こうした列挙や反復に慣れるための，より具体的な方法について検討してみたいと思います．

第3章の **ポイント**	☐ **意味のある意味を聞く** ☐ **英語はどう聞こえるか** ☐ **予測する力を鍛える** ☐ **否定をとらえる** ☐ **仮定をとらえる**

第 4 章

リスニング練習の秘術とは

退屈さと「一点聞き」を生かす

耳は言葉の入り口

多くの人にとって，新しい言語はまずは耳から入ってきます．言葉は「聞く」ことから始まるのです．知らない言語をいきなりしゃべったり書いたりすることができる人はいません．看板や新聞など，書かれたものが目に入ることもあるでしょうが，知識のないまま文字列を目にしても受ける刺激は限られています．体験としてはほとんど意味を持たない．これに対し，耳から入ってくる未知の言語は，圧倒的な臨場感を持ちます．強烈な刺激に満ち，神秘的で美しく，誘惑的．どんなに些細な発話もその言語特有の運動性を響かせ，まるで新しいスポーツと出会ったような気分にさせます．

第 2，3 章では，「強さ」に注目することで，英語の音声ならではの運動感覚やその「心地良さ」について考えてみました．英語のようにストレス・アクセントで発声される言語は，日本語話者からするとその歯切れの良さや勢いが耳につきやすいです．しかし，そこは魅力とも感じられるけれど，難しくもあります．だからこそ，重点的に勉強したい．

そのために何といっても大事なのは，しつこいようですが，その言語に多く接することです．英語圏に留学し，毎日浴びるように英語を耳にした人が「ある日，突然聞こえるようになった」とはよく聞かれる話です．ある程度の期間，英語にさらされていると，英語の骨格が急に浮かび上がってくると感じられます．一個の単語だけが急に聞こえるのではなく，構造がまとめて耳に入ってくる．これは英語のリズムを体が体得したということでしょう．しかし，そうした慣れにはそれなりの時間がかかります．英語圏に住んで，

必要に迫られて必死に耳を傾けるならともかく，日本にいて，あくまで練習として英語を聞くだけではどうしても限界があります．またリスニングにはもう一つ大きな難関があります．**リスニングの練習は退屈**なのです．以下，この点に焦点をあてて考えてみましょう．

「退屈さ」こそがツボ

　予備校で教えている知人によると，リスニングの授業というのはどうしても生徒が集まりにくいのだそうです．リスニングなんて自分でできる，と思うからでしょうか．授業としてもなかなか工夫が難しいのでしょう．リスニングの学習はどうしても単調で退屈になりがちなのです．そうした退屈さは，しばしば些末なこととして無視されるか，隠蔽される．しかし，実はリスニングの場合，退屈さに意外なツボがあるとも私は思っています．たしかに退屈さは学習上の障害なのですが，「聞く」という行為の意味を考えるうえでは，退屈という要素は興味深いヒントを与えてもくれるのです．

　そもそも「聞く」ための練習が退屈なのはなぜでしょう．第1章でも説明したように，「読む」や「書く」「話す」と違って，「聞く」という行為は自ら意識的にコントロールするのがとても難しいです．聞こえてくる音は嫌でも耳に入ってしまう一方，一生懸命聞こうとしても，なかなか思うように聞けないこともある．いくら音を流していても，いつの間にか聞いていなかったりする．

　しかし，ここでの「なかなか思うように聞けない」と，単なる「聞き取れない」とは区別しておいたほうがいいでしょう．後者では言語に関する知識がなかったり，持っている知識を十分に活用するだけの技量がなく，一生懸命聞いても内容がわからない．これは前者の「聞こうとしても，自ら意識的にコントロールするのがとても難しい」とは違い，行為として試みているものの，失敗しているのです．それだけに，もし聞き取れさえすれば試みは成功と見なすこともできるでしょう．これに対し，「意識的にコントロールできない」のはそれ以前の問題です．「集中力がもたない」のです．こういうとき，私たちは「自分の意志にかかわらず聞けない」と感じる．

リスニングは長時間の練習が大事だと先ほど言いました．とくに英語のリズムの習得のためには，実際に英語の音の運動に耳をさらすのが一番．なら簡単だと思うかもしれません．ところが，意外に難しいのが「**熱心に聞かずに，それでもちゃんと聞く**」という境地です．ふだん日本語を聞いているときのことを思い出してみるといいでしょう．私たちはほとんどの場合，それほど言葉を熱心に聞いてはいません．それでも言葉というものは自然と耳に入ってくる．それが自然な言葉との接し方です．「聞く」ことは，そもそも**一生懸命やるものではない**のです．一生懸命やらなくても，いつの間にか聞いている．そんな「自然さ」を実現するためにはどうしたらいいのでしょう．ある種の集中力を養わなければならないのではないでしょうか．これにはかなりの熟達が必要です．

　そこでからんでくるのが退屈さなのです．すでに触れたように，「聞く」のは受け身の営みです．能動的な行為である「書く」「話す」とは違う．話せない！　書けない！　と感じるときは強烈な敗北感を味わうけれど，「読む」や「聞く」がうまくいかないときに私たちが経験するのは「敗北」よりはもっと曖昧な不安です．まずは「わからない」と感じるかもしれませんが，「わからない」の線引きは不明瞭．最初はぼんやりした，モヤモヤした気分から始まる．「わかる」のほうは「なるほど！　そういうことか」という明確な境界線とともに実感されますが，「わからない」のほうは，「わかる」のか「わからない」のかもわからないような，果てしなく続くグレーゾーンとして体験される．そんな曖昧な気分は「おもしろくない」という感覚とも重なります．とりわけ「聞く」については，言葉とうまく交われない機能不全のようなものが，「わからない」なのか「わかろうとする気になれない」なのか「おもしろくない」なのか判然としない．

　「わからない」から「おもしろくない」へと至るひと連なりの心理の土台にあるのは，「気」です．どれくらい対象に「気」が向くか．「気」が引きつけられるか．「言葉がわかる」と「言葉の内容がおもしろい」とは区別し難いほど重なり合っていて，そうした感覚の根っこにはいずれも「気の構造」があるということです．

「おもしろくなさ」を上手に使って「わかる」へと至る

　「気の持ちよう」という言い方にも表れているように，「気」は些細なものとして軽視されることが多いです．所詮，それは気分にすぎない．そのせいもあってか，「退屈だ」とか「おもしろくない」といった感覚も，隠蔽されたり無視されたりすることが多い．しかし，「気」の働きに左右される「退屈だ」「おもしろくない」といった感覚は，学習のプロセスにしっかり組み込む必要があると私は思います．「おもしろくない」といった気分が「わからなさ」と密接につながっている以上，「わかる」という状態に達するためには，「つまらない」「退屈だ」といった気分をどう活用し，かつどう克服するかを考えていくことが助けになる．より具体的に言えば，**いかに「おもしろくなさ」を上手に使って，「わかる」へとつなげていくかを考えたいのです**．

　ある程度の時間をかけたリスニング練習では，しばしば集中力が続かず，いつの間にか言葉が耳に入ってこないという状況に陥りがちです．そんなとき，私たちはこうした練習を「おもしろくない」と認識するでしょう．しかし，この一見平板で「おもしろくない」環境は，いつおもしろいことが起きてもおかしくない，可能性に満ちたものとして読み替えることもできます．つまり「おもしろくなさ」を「おもしろさ」の反対側にあるものとして対立させるのではなく，「おもしろさ」への助走と見る．そんな工夫をすることも可能ではないかということです．

　今，私たちは退屈さを経験する機会がとても少なくなりました．退屈さを味わう間がない．刺激的な情報が私たちの「気」を奪い合っているからです．まるで抗菌加工でもするかのように，私たちの時間からは退屈という菌が駆除されています．しかし，**退屈さを味わう力はとても重要な人間の心の機能**です．退屈さは，自然さや安心や脱力ともつながります．のっぺりと退屈な時間としっかり向き合い，「ああ，退屈だなあ」とその平板さをじんわり味わいつつも，その向こうにあるものをとらえることでこそ，私たちは「意味のある意味」と出会えるのです．

　リスニングの練習でも，できればそうした「意味のある意味」との出会い

の場を演出したい．すぐに思いつくのは，興味深い内容を用意するということです．コンテンツで工夫する．たとえばドラマ仕立てとか，ニュースとか，あるいはゲーム形式などを活用する．これは非常に有効な方法だとは思いますが，ある程度，聞く力がそなわっていないとうまくいかないことも多いでしょう．また，興味の対象が人によって違うということ，同じ人でもそのときの状況次第で興味を持つ対象が変わるといったこともネックになります．そんな中で，聞くための素材にある程度汎用性を持たせるにはどうしたらいいか．

　そこで，あらためて考えたいのが「おもしろさ」の原理です．私たちにとっての「おもしろさ」の出発点はどこにあるでしょう．必ずしも「おもしろい小説」とか「おもしろいゲーム」と言うときに含意されるような，共感や興奮を伴ったものに一足飛びに向かう必要はありません．そうではなくて，私たちがつい言葉の一つ一つに注意を向けてしまいたくなるような何か．そうしたものを設定することで，人は言葉そのものを追い求めるようにして耳を傾けるようになる．やがて求めていたものにたどり着けば，「わかった！」という満足をも得る．しかも，こうした「おもしろさ」は「おもしろくなさ」という土台の上でこそ威力を発揮するのです．

「退屈」を活用する

　そこでヒントになりそうなのが，静哲人さんが提案しておられる「ぶつ切り直前ディクテーション」と「ぶつ切りすぐあとディクテーション」です．[1]静さんによれば，そもそもリスニングの練習としてもっとも手軽なのはディクテーション．生徒に音を聞かせ，書き取らせるという作業です．これならややこしい問題をつくる必要がない．用意するのは解答用紙だけ．至極簡単です．ただ，採点に手間がかかる．そこで静さんが考えたのが「教師がテープをブツッと止めた直前の単語を書かせる」というものです．これなら単語一語だけだから採点も楽．しかも生徒はある程度の長さの英文を聞かねばならない．「書き取る単語を特定する仕方でいくつかのバリエーションも可能」とのことです．

同じく静さんの発案による「ぶつ切りすぐあとディクテーション」も，その呼称から内容が想像できるでしょうか．静さんが提案するのは，「テープを止めるから，止まったら，そのすぐあとに来る単語を書く」という練習法です．こちらは物理的に聞こえていない単語を，聞こえた音から予測して書くので，単に一語一語に即物的に耳を澄ませるだけでなく，ある程度文法知識を動員しなければならない．一段高級です．

　実際に二通りの方法を具体的に示してみましょう．まずは「ぶつ切り直前ディクテーション」です．2020年の新型コロナウイルス流行に関するCNNニュースからの一文です．[2] 音が止まった直前の単語が聞き取れるでしょうか．

新型コロナウイルス流行に関するニュース 　　　　　　　⦿ •)) 06

音が止まった直前の単語は下記に下線で示してあります．

⦿ •)) 07

The Chinese government has issued a new draft list of livestock
that can be farmed for meat in the wake of the coronavirus
epidemic, which is <u>suspected</u> to have originated from wild
animals in a Wuhan wet market. 　　　　　　　▶ [訳]

　次は「ぶつ切りすぐあとディクテーション」です．音声が止まったら，そのすぐあとに来る単語を予想するという練習です．こちらは掲載されているスクリプトをあらかじめ見たうえで，リスニングのさいにはスクリプトを隠し，記憶と聞き取りを組み合わせて行います．これも例文はCNNニュースからの抜粋です．[3] ぶつ切りのあとにくる，二つの単語からなる語句を考えてみてください．

Beijing temporarily banned all trade in wild animals for food
following the outbreak, which has now spread globally to infect
more than 1.6 million people, but the new law has yet to be
finalized.

新型コロナウイルス流行に関するニュース   ⊘ •)) 08

答えは以下に下線で示しました．

⊘ •)) 09

Beijing temporarily banned all trade in wild animals for food fol-
lowing the outbreak, which has now spread globally <u>to infect</u>
more than 1.6 million people, but the new law has yet to be
finalized.   ▶ ［訳］

　これらの方法が興味深いのは，「音声を突然止める」という驚くほど素朴
な方法を用いつつも，「退屈さ」や「おもしろくなさ」に直面している学習
者の，音声に対する鋭い注意力を喚起できるところです．また，この作業へ
の準備を通して，音声にしっかり注意を払いながら聞く練習が自ずと果たさ
れます．事前にスクリプトを渡せば，純粋なリスニングの練習にとどまらな
い，広い意味での英語受容の訓練ともなりえます．
　また，「おもしろさ」が，単に「どれ？」という，それ自体ほとんど意味
のない問いから発生していることにも注目したいです．正解そのものに「お
もしろさ」が内在しているわけではないのです．「ぶつ切り」という問いの
構造そのものから「おもしろさ」が生まれるだけ．そういう意味ではイント
ロクイズと同じ構造です．
　しかし，このような問いを経験することで，英語の音をとらえることを快

感としてうけとめるきっかけになるかもしれません．そうすると先にもつながる．この作業の中では，「おもしろくなさ」と「おもしろさ」と「わかること」とがオーバーラップします．「わかる」というだけのことなのに，「おもしろくなさ」の中から「おもしろさ」が生み出されるように感じられます．「気」の操作の妙だと言えるでしょう．

「わかる」の達成感

　母国語では「わかる」のは当たり前．ごくふつうに聞き流しても自然に言葉が耳に入ってきます．しかし，第二言語ではどんなに修練を積んでも，困難はなかなか解消されません．今のような作業はこの困難をむしろ心地良い達成感と結びつけてくれる．「わかる」ことが決して当たり前でない外国語だからこそ，任意の「一点」を自在にとらえることに快感を覚えられる．しかも，そこで快感を覚えなくなったら，少なくとも「聞く」ことに関してはもはやその言語を完全にマスターしている可能性が高いのです．

　技術編の第 10 章では練習のためのごく素朴な方法をいくつか提案しています．簡単なのは，たとえば天気予報などを聞かせて，特定の都市の気温や天気をとらえさせるといったものがあるでしょう．おおむねやりやすいのは数字やデータなどの聞き取りです．もちろん数字の聞き取りであっても，関係するのは数字だけではなく，その周辺の情報なのでさまざまな音に耳を慣らすことができます．

　第 2，3 章で扱った強さやリズムと対照的にこのような「音の一点」への注意をうながすことは，曖昧で自覚的に練習しにくいリズム感の養成のための学習を，それと意識せずにいつの間にか行わせることができるという効果があります．「とにかく英語を聞いて慣れなさい」と命じたところで，学習者のほうはそんな漠然とした課題ではやる気が起きにくい．この状態が続けばリスニング練習は「おもしろくない」「退屈だ」から「わからない」までさまざまな気分を混じらせつつ澱んで停滞するだけでしょう．だからこそ，具体的な作業をはっきり指定したい．そうすれば明確な「一点」を目指すことで，「おもしろくなさ」を有効利用した「おもしろさ」を開発できる．そ

うして「一点」に耳を澄ますうちに，いつの間にかリズムにも身体が慣れる，というのが望ましいプロセスでしょう.

　ただし，念のために付け加えておくと，リスニング・テストにおける「一点聞き」をあまり過信するのは考えものです. テストでは構造上，「ポイントが聞けているかどうか」がチェックされる. いやおうなく「一点聞き」の力が試されるわけです. しかし，「一点が聞けているかどうか」ばかりが独り歩きするとおかしなことになります. たとえば誰かと話しているときに一点だけを聞き逃しても，「あれ？　今何て言った？」と聞き直せばすみます. 現実のリスニングでほんとうに大事なのは，全体の骨格が浮かび上がっているように聞けるかどうかです. 「一点聞き」はあくまでその入り口. 決して最終到達点ではないのです.

リズムの「マンネリ」と付き合う

　リズムとは不思議なものです. リズムがある，というとふつうはよい意味になる. 気分が活性化する. 心地が良い. それだけに電車に揺られていたり，雨だれの音に耳を澄ませていると眠くなってもくる. リズムは私たちの身体にやさしいので，心地良い気分を導きます. そして，ときにそれが弛緩につながる. 刺激がなく，平板で，おもしろくない，退屈……. こうなると，ちょっとリズムには否定的な要素もあるように感じられてきます.

　母国語は自然に耳に入ってくるものですが，この「自然に」はくせ者です. 母国語が自然に聞こえるのは，私たちが母国語のリズムの運動感覚を内面化していて，違和感を感じないからです. 母国語はとても居心地がいい. 私たちは母国語にはいちいち刺激を感じないのです. そんな中で，どうやって「意味のある意味」を伝えるかに人々は腐心します. あまりに居心地のいい世界は，「意味のない意味」に覆われているように感じられてしまうでしょう. そこから「意味のある意味」を立ち上げたければ，ぬくぬくとした居心地の良さを壊してでも，神経に刺さるような言葉の使い方を試みる必要が出てくる.

　だから，**「意味のある意味」は，しばしば慣例からの逸脱を伴っています.**

簡単な例でいえば，「ぜんぜん」という言葉はもともとは否定的な意味で使われていました．体調が悪くてぜんぜん食べられない，といったように．しかし，ある時期からこの「ぜんぜん」が肯定の意味でも使われるようになりました．ぜんぜん嬉しい，ぜんぜんおいしい，など．今でもこうした「ぜんぜん」の使い方に違和感を感じる人はいるでしょうが，「ぜんぜん嬉しい」のほうが「とても嬉しい」よりもインパクトを持つのはそのためです．若者言葉としてかつて流行した「きてる」とか「やばい」といった表現も，同じように，もともとは悪い意味を持っていたのがかえってその刺激性が重宝されてよい意味で使われるようになったものです．このように通常用法から逸脱しているがゆえに，便利に使われるようになった表現は数多くあります．

いかに言葉に強さを与えるかは，私たちにとっての永遠の課題です．つねに新しい作法が生まれ，マンネリ化した用法は忘れ去られていく．しかし，他方で言葉は「マンネリ」だからこそ心地良くも響く．英語のストレス・アクセントも，自然で，流麗で，耳に馴染みがよいけれど，その心地良さは平板さやマンネリさと紙一重です．

私たち英語学習者に課せられるのは，まず第一にこの英語のリズムに慣れること．「ああ，マンネリだなあ」と感じられるくらいの境地に達したい．そうなれば少なくとも「聞き取り」に関しては大きな進歩が期待できる．しかしその次の段階として，「ほんとうに意味のある意味」が伝えられたときの，その違和感をもとらえたい．「あれ？　おかしいな？」と思えるような感性を育てたい．実は私たちにとって，英語はもともと外国語であり異物なので，あちこちに「あれ？　おかしいな？」の種がある．今話題にしてきた「一点聞き」の練習は，違和感に対するこうした感性をもうまく利用することができると思います．

「一点聞き」の土台をつくる

というわけで，「一点聞き」はリスニング学習では恒常的に行われるべきだと私は考えます．そのうえで，この作業と並行して進められるべき，より

基礎的な訓練法もあるので，以下，それについても触れておきましょう．

　第3章で英語のストレス・アクセントの説明をしたときに触れたように，英語の音はストレスがおかれる「強」の部分を際立たせる構造になっています．ストレスのない「弱」の部分は，ほとんど聞こえないようにさえ感じられる．しかし，実際には「強」の部分をしっかりとらえられ，かつある程度の語句の知識の支えがあれば，自然と「弱」の部分も頭に入ってきます．英語の音はこうして合理化されているわけです．

　ですから，英語のリスニング練習では「強」の「一点」をとらえる力を身につけることでとても大きな一歩が踏み出せます．そもそもストレスで強められているくらいですから，この部分は耳に残るように発声されているはずなのですが，ストレス・アクセントに慣れていない人は，そこを逃してしまう．技術編でも詳しく説明していますが，つい「すべての音を聞こう」として忙しくなりすぎ，かえってポイントを外してしまうわけです．

　なので，「一点聞き」の基本として，まずは徹底的にストレスのある箇所に耳を向けるという練習はしたいと思います．スクリプトを渡し，音を聞きながら印をつけるといった作業で十分です．それを地道にやる．もちろん「強勢」とはいっても絶対的な値が決まっているわけではなく，あくまで相対的なものです．強勢同士の強さにも違いはある．発声者によっても差が出る．また，ストレスとイントネーションの区別もときに微妙なことがあります．重要なのは，強さを感じ取る感覚なのです．「ここが強い」と反応する感覚的・心理的な受け皿を用意したい．そのためには，音を聞きながら「強い」と感じるところにどんどん印をつけるという練習がまずは役に立つと思います．狙いは，「強さ」に耳を向ける習慣を養うことにあるのです．これを繰り返しすることで，自分で英語を発声するときにも，うまくストレスが置けるようになるでしょう．リスニング練習で使ったスクリプトをそのまま利用して音読練習というのもありだと思います．

　以下，練習用の素材に野球選手のイチローに関する文章をあげておきます．スクリプトを見ながら強く聞こえる部分に「ノ」などの印をつけてみるといった作業ができるでしょう．[4]

Ichiro played three seasons with the Marlins before returning to the Mariners in 2018. Ichiro established a number of batting records, including Major League Baseball（MLB）'s single-season record for hits with 262. He achieved 10 consecutive 200-hit seasons, the longest streak by any player in history. Between his major league career in both Japan and the United States, Ichiro has the most hits by any player in top-tier professional leagues. He also has recorded the most hits of all Japanese-born players in MLB history. ▶［訳］［解答例］

解答欄に強く聞こえる部分の例を示しましたが，これは朗読者によって多少の違いが出てきますし，聞く人の注意の向け方によっても異なって聞こえることはあるでしょう．しかし，繰り返しになりますが，そうした相違は本質的な問題ではありません．大事なのは「正解」にこだわることよりも，「強さ」をとらえようとする姿勢そのものです．その姿勢を通して，「強さ」に敏感な耳をつくりたい．そのためにも，とにかく数をこなすのが肝心です．

「切れ目」には何がある？

このストレスの「一点聞き」にはさらに続きがあります．このようにストレスのあるところをきちんと聞く練習をすると，英語のメリハリの全体に耳が反応するようになります．例のリズム感が養われるわけです．すると，英語の音でもう一つ重要な一点にも耳を向けられるようになるはずです．すなわち「切れ目」です．

英語では，「聞く」にかぎらず，「読み」「書き」「話す」のどの領域でも，意味をとるうえで圧倒的に大事なのが「どこで切るか」ということです．語彙も熟語も構文も文法も，すべて「切れ目」をきちんと把握するためのサポ

ートにすぎないと言っても過言ではない．これも詳しくは技術編で解説しますが，今，強調したいのは，この「切れ目」もまた「一点聞き」の対象になるということです．アクセントのある音節がその「強さ」という過剰さゆえに際立つのだとすると，「切れ目」は「間」として表現されるときには，その空白性が持つ**過剰なる過少さ**ゆえに際立ち，耳に残ります．もしくは「切れ目」は異なる「強さ」の間の境い目として，差異として感じられることもある．

ここを聞く練習をしたいのです．アクセントのある「強」のおかげで話者の強調点が聞き取れるのとは違い，切れ目は文の構造を把握する助けとなります．なので，練習のやり方としては，切れ目が感じられるところに斜線「/」を入れていくという，すでによく行われている練習法が役立つと思います．

以下にイチローに関する説明を素材として載せます．[5] 間があるところに斜線「/」を入れるといった練習ができます．

◉))11

In Ichiro's combined playing time in the Nippon Professional Baseball（NPB）and Major League Baseball（MLB），he received 17 consecutive selections both as an All-Star and Gold Glove winner, won nine league batting titles and was named Most Valuable Player（MVP）four times. While playing in the NPB, he won seven consecutive batting titles and three consecutive Pacific League MVP Awards.　　▶［訳］［解答例］

こうした練習を重ねることで，文の構造がさまざまなレベルの「切れ目」によって表現されていることが体感的にわかってきます．そうすると，文を前から読んでもその構造が頭に入ってくる．間違いなく読解はスムーズになりスピードもあがります．加えて，自分で話したり作文したりするときにも，

適切な順番で文の構成要素を組み立てていくことができるようになるでしょう．文章や発話は，読者や聞き手にうまく伝わるように構造化されるのが基本です．その切れ目に耳を馴染ませることを通し，そうした構造化のルールやタイミングに触れれば，自分でも切れ目を有効活用することができるようになります．

　最後に，切れ目には今一つ重要な役割があります．単に「継ぎ目」として構文整理の役に立つだけではなく，その間と呼吸を通して，話者のニュアンスを伝えることができる．たとえば Did you read today's paper? という文は，一息に発話されたなら「新聞，どこにあるか知ってる？」というニュートラルな質問となるでしょう．しかし，これを Did you...read today's paper? とちょっと間をおいた場合，「ひょっとして最後に読んだのはあなた？」といったニュアンスも加わりうる．こうした空白には，文脈に応じて何らかのニュアンスが込められる可能性が高いのです．

　つまり，ちょうどストレスとイントネーションで話者の「強調点」や「力点」が伝えられるのと同じように，「過剰に過少な一点」もまた話者のこだわりの繊細な部分を伝達することができるわけです．このあたりも，技術編の練習問題で確認していただければ幸いです．

第 4 章の
ポイント

☐ **リズムと集中力**
☐ **リスニングを上手に練習するための方策**
☐ **「一点」を聞く練習**
☐ **「呼吸」を聞く練習**
☐ **「切れ目」を聞く練習**

第 5 章

聞き方は鍛えられるか

「耳の記憶」を活用する

耳も記憶するのか?

耳につく，耳に残る，という言い方があります．これは何を意味するのでしょう．耳も物事を覚えられるのでしょうか．ふつうの記憶とはどう違うのでしょう．

このことについて考えるのに，ちょうどいい事例があります．映画を観ていて，こんな体験をした方もいるでしょう．リスニングの練習にと思って，なるべく字幕を見ないでいる．でも，なかなか聞き取れない．そんなとき，ちらっと字幕に目をやる．すると，つい今，聞き取れないと思っていたセリフが，急にリプレイされたかのように「わかる言葉」として聞こえてくる……．

音声は時間とともに消え去ると思いがちですが，どうやら私たちの耳には，聞き取れなかった言葉が「音」として残存しているようです．ただ，言語化されていないので未整理のまま放置され，私たちもそのことを把握していない．しかし，意識はしていなくとも，それらの音はたしかに保管されているのです．そしてきっかけさえあれば，意味をもった言葉として甦る．

通常，私たちは物事を記憶するのは「頭」だと考えています．頭は，対象を整理し，理解したうえで覚える．つまり，自分が覚えたということに気づいているのです．これに対し私たちには，覚えたことに気づかないまま覚えている，ということがあります．そして，あとになって「あ，これ覚えていたんだ」と悟る．「なんか，聞いたことあるなあ」というあの記憶の感覚です．

エリック・R・カンデルらの『記憶のしくみ』でも説明されているように，

近年，人間の記憶は二つに分けてとらえられています。[1] まず「陳述記憶」というものがある。「陳述」と呼ばれるのは，この記憶が言葉で説明できるからです。意識もされている。こちらは自分が覚えていることを知っている記憶だということです。これに対し，もう一つの記憶は「非陳述記憶」と呼ばれます。俗に「身体が覚えている」というあれです。この記憶には，運動技能や反射などが含まれます。こちらは言葉で説明することもできず，意識もされない。だから，自分が覚えていることを知らない記憶だと言っていい。耳につく，耳に残る，といった表現で私たちが名指そうとしている記憶は，両者の境界上か，場合によっては後者の「非陳述記憶」に近いのかもしれません。

薄暗い記憶の使い道

　言語の運用にあたっては，当然ながら意識と連動した記憶は大きな役割を果たしています。言葉を使えるとは，言葉を知っているということ。しかし，他方で，私たちは言葉を使うとき，そのすべてのステップを意識しているわけではありません。母国語では通常，「自動化」と呼ばれるほとんど無意識のプロセスで言葉が出てくることが多い。外国語でも慣れてくると，すらすら言葉がつらなって出てきます。

　通常，私たちはこうしたプロセスを「慣れ」と呼んで片付けています。しかし，言うまでもないことですが，このように言葉を無意識のうちに運用できるのは，ほんとうに「自動化」されているからではありません。さまざまな失語症の事例からもわかるように，何かの拍子にこのメカニズムの一部が壊れてしまうと言葉は出てこなくなる。

　つまり，私たちが知らない間にも，私たちの意識の外にあるどこかの部分はせっせと働いているのです。「耳」はその中でももっとも重要なものではないかと思います。私たちは，いちいち「知っている」と自覚していない言葉やフレーズをも，物理的な音として保存しています。また，言葉のリズムや呼吸の型のようなものも同じく保存している。これらは「耳の記憶」と見なすことができそうです。何かがあると私たちはこうした「耳の記憶」を参

照し，「何かこの文は変だな」とか「この並びは語呂が悪い」と感じたりする．

　話すときや書くときにも，また読むときにも，知らず知らずのうちに私たちはこの記憶の力に頼っています．話したり書いたりするときであれば，耳の記憶は間違いなく「規範」の役割を果たすでしょう．しかし，それは私たちが語彙や文法，構文などの知識を動員するときとはちょっと違う．耳は，あからさまに「それは違う！」という命令は出さないのです．そのかわりに「こんなふうには言わないような気がする……」「こういったほうがいいのではないか？」と薄暗い曖昧な気分を伝えてくる．文章を読んでいるときでも「これ，どこかで読んだことがあるような気がする……」といった感覚が，意識すれすれの微妙な場所から伝わってくる．

残響への反応を鍛える

　こうした薄暗い記憶は，私たちが言語を運用する際にはけっこう頼りになります．私たちの鮮明な記憶のキャパシティには限界がありますが，こうした記憶はそれが「薄い」がゆえに，ちょっとした隙間に入れておける．別の言い方をすると，それほど必死に覚えていなくとも，いざというときに運用を助けてくれるのです．また，通常，私たちが言葉を使うときには，話し相手とか，差し迫った状況など，目を向けなければならない要素がたくさんあります．はっきり言って，言葉そのものに注意を向ける余裕はあまりない．そんなとき，こうした記憶はそれが影が薄いがゆえに私たちの意識をそれほど遮りません．そっと脇に控え，しかし，ここぞというときに支えになる．

　学習の過程でも，耳が潜在的に持つこうした「薄暗い記憶」の力を活用することは大事です．すでに第1章から第3章では，英語のリズムや強さがいかに言葉の理解やコミュニケーションを助けるかに注目しましたが，それに加えてここでは耳が持つ「残響」の効果に注目したいと思います．言葉は耳に残る．このエコー効果をフルに活用するにはどうしたらいいでしょう．

　ちなみに人類は記録装置としての言葉をおおいに活用してきました．石や木に刻まれた言葉，紙に書かれた言葉，印刷された言葉，そして今や磁気媒

体の言葉．掟や知恵や物語をこうして別の媒体に記録するという習慣は長く続いてきたものです．しかし，長くといってもせいぜい数千年．では，それ以前はどうしていたのでしょう．

　書き言葉が使われるようになる以前，言葉は音声として記憶されざるをえませんでした．しかし，音声を単に記憶したのでは私たちのキャパシティには限界があります．そこでより耳に馴染むようにすることで，記憶を助けるようにした．音声に「形」を与えたのです．それが詩でした．現在，文芸の中での詩というジャンルはすっかり役割を縮小したようにも見えますが，言葉に形を与え，残響音を響かせ，そのことで記憶に残そうとする工夫は今でもあちこちで目にします．

　かつて多くの人が学校で習ったフレーズを思い出してみましょう．

　　A friend in need is a friend indeed.
　　困ったときの友こそ，真の友．

　　An apple a day keeps the doctor away.
　　一日リンゴ一つで，医者知らず．

　こうした決まり文句は，以前はよく入試にも出題されました．今やそれらは「古臭い」「実用的ではない」「日常会話で使っているのを聞いたことがない」といった理由で，ほぼ根絶されたと言ってもいいでしょう．そうした批判にはたしかに一理あると思います．決まり文句さえ覚えておけばいいというものではない．しかし，こうしたフレーズを学ぶ効果もそれなりにありました．とくに言葉の響きという面から考えると，効果は大きいのです．

　たとえば A friend in need is a friend indeed. を見てみましょう．is を蝶番のようにして文の前半と後半を折り返したような対句になっている．英語では，こうして is を真ん中にすえて A is B というふうに前後を対照させる表現にすることがよくありますが，それはこの構文の形が耳に馴染みがいいからです．この言い方にあてはめ，かつ音節の数をそろえると，耳に残りやすい．しかもこの構文では friend という語を同じような位置で繰り返したり，in need と indeed で［in］［i:］という音を重ねたりもしている．

　こうした反復の効果に慣れると，英語の音の使われ方が体感としてもわかってくるでしょう．同じような対句構造は An apple a day keeps the doctor away. にも見られますが，こちらはその反復がやや抑えめ．にもかかわらず，day/away という音が重なり，音節数も前半と後半で同じというだけでけっこう耳にひっかかる．

　英語圏の子どもたちは，童謡や物語，決まり文句などを通してこうした言葉の「型」に触れ，言語感覚を磨きます．英語を外国語として学ぶ私たちも，早い段階で英語らしい音の効果に耳を馴染ませることは是非ともしたいです．そうすれば英語の響き方に耳が反応するようになり，しっかりとエコーも聞き取れるようになるし，ひいては耳の記憶力を鍛える早道ともなります．方策としては，韻を踏んでいる文章を聞いたり，暗唱したり，ちょっと形を変えながら応用したりといった練習が考えられます．

　以下に，よく知られた言い習わしを例としてあげておきます．いずれも韻を踏むなどして工夫がされており，耳に残ります．こうしたものを音読・暗唱したり，応用して自分なりの表現を作ってみるのもいいでしょう．

🕮 �))12

All's well that ends well.
終わりよければすべてよし．

All that glitters is not gold.
輝くからといって，すべて金とは限らない
（見た目がよくても価値があるとは限らない）．

Be slow in choosing, but slower in changing.
選ぶときには慎重に．変えるときにはより慎重に．

Better late than never.
遅れても，やらないよりはまし．

> Curiosity killed the cat.
> 好奇心のせいで猫はおだぶつ（好奇心は災いの元）.

名前を聞く

　決まり文句や童謡などを通した言葉の「型」の習得は，いわば言葉の練習としては「正規版」です．当該言語が話されている地域の学校でもよく実践されているので，私たちの学校教育でも移入はしやすい．他方で，当該言語が話されている地域ではまず行われない，しかし，だからこそ，その他の地域では重点的に行われるべき練習があります.

　中でも重要なのは固有名詞の聞き取りです．英語圏のパーティでうまくコミュニケーションがとれないといったことがよく話題になりますが，闇雲にパニック状態になるのではなく，いったい何がどううまくいかないのかをきちんと考えないと「パーティでぺらぺら」の理想は遠いです．私自身の体験を振り返ってみると，パーティでもっとも苦労したのは名前の聞き取りでした．ファースト・ネームはまだいい．日本語に比べると，英語圏のファースト・ネームはヴァリエーションが少ないし，John, David, Bob, Cathy, Julia など，私たちに馴染みがあるものも多い．しかし，セカンド・ネームとなると，聞いたこともない名前がけっこうある．スペリングを見ればまだわかるけれど，音だけで聞くと「え？　え？」となりやすいのです．しかも当然ながら，パーティ会場はうるさい．そんな中，‘I’m Fred. Fred Bainbridge’ などと言われてもなかなか聞き取れないわけです.

　なぜネイティヴスピーカーはこうした名前をきちんと聞き取れるのでしょう．まずは当たり前のことですが，彼らはこうした固有名詞に含まれる子音や母音の組み合わせに慣れているからです．たとえはじめて聞く固有名詞でも，その組成から全体像を摑むことができる．もちろん，英語圏の学校では固有名詞を覚える練習などしないでしょう．固有名詞というものは，そこに住んでいれば放っておいても耳に入ってくるものです．まさにそこに固有名

詞らしさがある.

　そういう意味では固有名詞は，英語を外国語として学ぶ人には盲点なのです．単語はもちろん覚えます．でも，優先順位が高いのは使用頻度の高い，あるいは意味的に重い役割を果たしそうなもの．当然でしょう．合理的な選択です．固有名詞を網羅的に覚えることなどふつうはしないし，できるわけもない.

　しかし，現実に英語を使う場面では，固有名詞の聞き取りが大事になります．あからさまに名乗られた場合でなくとも，話の中で名前が出てくる．英語の母語話者は，さらっと言及された名前でもちゃんと聞き取っているものです．ところが私たちはそれを聞き逃す．貴重な情報を取り逃すのです．しかも，ご存じのように英語圏では，はじめて会った者同士でもファースト・ネームで呼び合うことが多い．名字を耳にするチャンスは限られています．にもかかわらず，みんないつの間にか相手の姓を知っていてすごいなあ，と私はいつも感心していたものです.

　ためしに固有名詞を聞き取る練習をしてみましょう．この練習にいいのは人名のたくさん出てくるような文章です．たとえば歴史関係のものは名前が豊富です．その一例としてイギリスの政治家ウィンストン・チャーチルに関する英文の朗読を用意してありますので，[2] 固有名詞のスペリングを想像しながらメモするといった練習に使っていただければと思います.

　ウィンストン・チャーチルに関する文章　　　　　　　◎ ♪) 13

以下がスクリプトです．固有名詞は下線部分になります.

Churchill began his premiership by forming a five-man War Cabinet which included Chamberlain as Lord President of the Council, Labour leader Clement Attlee as Lord Privy Seal（later as Deputy Prime Minister）, Halifax as Foreign Secretary and Labour's Arthur Greenwood as a minister without portfolio. In practice, these five

were augmented by the service chiefs and ministers who attended
the majority of meetings.　　　　　　　　　　　　　▶［訳］

　この固有名詞の困難という問題を通して，私はある重要なことに気がつき
ました．英語圏の人は，固有名詞が日本語のそれであってもけっこう記憶す
るのがうまいのです．彼らが名前をうまくキャッチするのは「慣れているか
らだ」と私は思っていたのですが，実は彼らは慣れていない言語，たとえば
日本語の名前でもわりに聞き取ることができる．彼らが慣れているのは特定
の音や名前だけではなく，耳で言葉の音を聞くという行為そのものだったの
です．

　考えてみれば，これはそれほど不思議なことではありません．英語ではア
ルファベットという表音文字を使っています．アルファベットの一つ一つに
は意味がない．あくまで音です．つまり，書き言葉でも，まずは音に注意を
向けさせるのが英語というシステムの特徴なのです．日本語の書き言葉はご
存じのように表意文字である漢字を使っています．だから，言葉を受け取る
ときに私たちはしばしば漢字という視覚イメージを仲立ちとしています．名
乗られたときも，音を聞くやいなや漢字を思い浮かべるという人がほとんど
でしょう．そもそも日本語は英語などに比べると音の数が少ないので，漢字
の助けがないと同音語が多くて困ってしまいます．

　このことはより射程の長い意味を持ちます．私たち日本語話者は，英語圏
の人に比べると，より視覚的に言葉に接しているのかもしれません．固有名
詞の困難は，より深いところで根本的な言語運用方法の違いともつながって
いるということです．

耳が不得意な日本語話者

　こうなると話はさらにややこしく，かつおもしろくもなってきます．もし
日本語話者が「耳」の潜在力を十分に使えていないのだとすると，そこに私
たちを長い間困らせてきた問題を解くカギもあるのではないか．

　言うまでもなく，それは明治以来続いてきた英会話コンプレクスです．今,

この問題は四技能の「スピーキング」という形に特化されて何かと取りざた されています．振り返れば1980年代に文部省（現文部科学省）の主導で「も っとオーラル英語を」という大号令がかけられ，学校英語がいわゆるコミュ ニケーション中心のものに組み替えられました．これに先だち，1970年代 には「学校では実用英語を教えるべきか，それとも教養英語か」という論争 もありましたが，「実用英語」の中心はいつの間にかコミュニケーション英 語，とりわけ英会話となってしまったのです．たしかに海外に行っても，読 み書きはそれなりにできるのに，口頭でのやり取りがうまくいかないと感じ る日本人は多い．この原因はいったいどこにあるのか．英語の授業がいけな いのか．

　しかし，先ほどの耳か目かという話からも見えてきたように，その答えは， 文化の違いに見いだすことができるかもしれません．表音か表意かという違 いはとても大きい．そもそもヨーロッパではギリシャ・ローマ時代以来，公 の場での口頭のやり取りが非常に大きな社会的な意味を持ってきました．司 法，政治，教育などの制度もこうした原理に則り，口頭でのやり取りを組み 込んできました．こうした社会では，読み書きも話し言葉の土台の上に乗っ かっています．西洋の書き言葉のレトリックを見ても，その下敷きとして古 来の雄弁術の伝統があるのが見て取れます．目に対しての「耳の優位」が， 文化のさまざまな層に刻み込まれているのです．

　ただ，念のため確認すると，ここでベースになってきたオーラル言語は， 単なるカジュアルな日常会話とはかなり異なり，より制度化されています． 私たちが誤った英会話礼賛に取り憑かれてきたのも，そこを誤解したせいで しょう．西洋のオーラル言語中心主義を担ったのは，そのまま書き言葉とし て通用するくらいの様式性をそなえた話し言葉です．これはある重要なポイ ントとも連動しています．それは，日本語と比べた場合，西洋語は話し言葉 と読み書きの言葉の差異が比較的小さいということです．だからこそ，口頭 でもフォーマルなやり取りが可能となる．

　これに対し，日本語はどうでしょう．日本では，フォーマルな話し言葉の やり取りをベースにして社会的な制度を動かすという伝統があまりありませ んでした．そのため，フォーマルな制度性を持った話し言葉が育たない．そ

のかわり，知の運用は漢文体をベースにした文語で行われた．明治期に行政，司法，政治，学問などを西洋から輸入したときに障害が生じたのには，こうした背景があります．先にも触れたように，西洋発の制度は，様式性をそなえた話し言葉のやり取りを土台にして運用されるものなのです．典型的な例としてあげられるのが，議会や法廷での討論です．

　日本語と輸入された制度との間のこうした齟齬にまず反応したのは文学や言論の領域の人々でした．最初に注目されたのはフォーマルな話し言葉の不在よりも，柔軟な書き言葉の欠如です．西洋で確立された近代小説の柱は，内面の描写でした．文学者たちは，文章の中で柔軟に人間の心の機微を表すには，口語に近い文章体が必要だと考えます．日本語における「言」と「文」のギャップは，こうして「書き言葉を何とかして話し言葉に近づけよう」という努力を生み出します．ターゲットは書き言葉．これがいわゆる「言文一致運動」につながります．

　しかし，その後100年以上たちますが，「言」と「文」のずれは十分に解消されたとは言えないようです．たしかに書き言葉のほうは，言文一致運動以来のさまざまな試みのおかげで話し言葉に歩み寄り，口語体と言える表現法も確立されました．しかし，問題なのは，話し言葉のほうです．西洋的な諸制度の運用にあたっては，書き言葉が話し言葉的なやわらかさを持ち，表現の幅を広げることももちろん重要ですが，同時に，話し言葉のほうにも，書き言葉と同じように安定した論理性や表現力がそなわっている必要がある．そうでないと，制度はうまく動きません．

　国会のやり取りを聞いていても，何を言っているのか要領を得ない迷走だらけの発言があるかと思うと，官僚の用意したメモを機械的に読み上げるだけの「疑似発言」もある．しっかりと論理の筋道を立て，相手を説得しようとするような発言があまり聞かれないのです．同じような困難は大学でも起きがちです．大学の授業の発表でも，つっけんどんになったり棒読みになったりせずに，自分の考えを説明するのは難しいようです．先にも触れたように日本語は同音異義語が多いので，音声だけで込み入った議論を展開するにはさまざまな工夫が必要となる．ただ，こうした困難を個人の能力のせいにしていては，なかなか解決は果たせません．

言文一致の問題はこれまでは，どちらかというと「いかに書き言葉を話し言葉化するか」という問題ととらえられてきました．しかし，日本人の英会話コンプレクスを通してあらためて見えてくるのは，私たちがそもそも日本語でしゃべるときにも，西洋風の構築的なしゃべり方をしていないということです．それがいいか悪いかという判断はいったん置きましょう．ただ，そもそも日本語でできていない語りの作法を，いきなり外国語で実践するというのは無理な話．まずは日本語の中で「書き言葉に近い安定性や構築性をもった話し言葉をどう定着させるか」ということから考えてみるべきでしょう．

日本語が英語の邪魔をする

　そのためには，実は「話し方」よりも，「聞き方」の訓練が大事なのです．私たちの「話し方」が今のような形で行われるのは，少なくとも部分的には「聞く側」の事情もからんでいます．私たちがもう少し「耳」の潜在能力を生かすようになれば，何かが変わるかもしれません．

　日本語には特有の話し言葉の作法があります．たとえば日本語のオーラル・コミュニケーションでは，待遇表現（politeness）が英語などの西洋語とはかなり違う形で言葉の運用にかかわります．メッセージをきちんと伝達するだけではなく，話者同士がどんなふうにかかわり合っているかにも気を配りながら，つねに両者の関係を良好に保とうとする．この関係性の構築にはかなりのエネルギーが向けられます．

　こうしたやり取りの特徴として興味深いのは，話す側の一貫性や構築性を犠牲にしてでも，聞く側の同意を得ようとするということです．ためしに，自分の日本語での会話を録音してみてください．そしてそれを書き出してみる．話しているときはまったくふつうだったのに，書いてみるとおそろしく支離滅裂でびっくりするはずです．「あの」とか「ほら」といった間投詞がやたら多い．構文も脱線だらけ．話が逸れたうえに最後までもとに戻らず，尻切れトンボのことも多い．ああでもない，こうでもないと分節の継ぎ接ぎが続いたりもする．

　なぜこんなことになるのか．話している側は割り込みを歓迎し，相手にわ

ざと参加させようとするかのようです．聞き手の反応に合わせて脱線することもよくある．その結果，ぶつ切りのしゃべり方になり，首尾一貫した主張を展開するという形からはほど遠い．実際，日本語では下手に立て板に水でよどみなく話すと，「変な人」という烙印をおされる可能性さえあります．

おそらく日本語の話し言葉では，このように聞き手の立場を尊重・優先することで関係性を構築するというパターンが踏襲されているのです．「……ですよね？」「というわけで……ね」と間をあけながら，聞き手による文への参入をうながし，そうすることで**協働的に発話を完結させようとする**．だから，こうした発話を「Aさんの発言」として書き出すと，間に埋め込まれている相手の有形無形の「参入」や「協力」の痕跡が残っていないため，支離滅裂にも見えてしまうわけです．

このようなやり取りでは，聞き手が「相手の主張をしっかりとらえねばならない」と耳を澄ます必要性は減るでしょう．情報は断片化され，随時，その受け渡しが行われる．「聞く」ということに対する緊張感がそれほど高くない．話すほうは発言をしっかり構築することで相手に伝えようとするよりも，相手の参入による助けをあてにするし，聞くほうも，聞き逃したものがあっても話し手が補ってくれることを期待できる．ここでは聞き手は話者の「発言」に参画しているのです．聞き手と話し手はお互いの任務を共有していると言ってもいいくらいです．

これはお互いにとってや̇さ̇し̇い̇コミュニケーションの方法だと言えるでしょう．そこでははじめから「同調的」であることが前提として織り込まれている．逆に，こうしたやり取りでは，緊張感のある対決的な議論をするのは難しくなる．

繰り返しになりますが，英語でも話し言葉と書き言葉には違いがあり，話し言葉ならではの文法はあります．しかし，日本語ほど両者の違いは大きくはない．たとえば，きちんとセンテンスを完了させるのが英語では最低限のルールです．だから，英語話者はふつうはこちらが文を言い終わるまでじっと待っていて，途中で相槌を打ったり，割りこんできたりはしない．別の言い方をすると，話者にはきちんと自分の文を構築し，自分の言いたいことに型を与える責任がある．聞き手にも，相手が差し出す言葉をしっかり聞き取

ることが要求される．日本語に比べると，話し手も聞き手も，相手の助けを
あまりあてにはしないのです．

　英語のこうしたやり取りが機能するのも，しっかりと聞く，耳を澄ます，
という前提があればこそではないでしょうか．相手の話をしかと聞き届ける
という最低限の作法が共有されていなければ，主張も議論もありえない．

　このような日本語と英語の違いは，よく言われてきた「高コンテクスト／
低コンテクスト」という対比ともつなげられる可能性はあります．日本のよ
うな高コンテクストとされる社会では，言葉の字義的な意味よりも，背後の
文脈や語り手の「思惑」が焦点になる．だから言葉の文法性に多少融通をき
かせて，言葉の「発し方」に注意を向けさせる，それで言葉そのものも曖昧
に聞こえる，という解釈です．こうした説を耳にしたことがある人も多いで
しょう．ただ，この説には今では批判もあります．とくに一気に文化論まで
飛躍してしまうとどうしても話がやや雑駁になる危険がある．まずは言葉の
運用の現実に目を向けることが大事でしょう．いずれにしても，「日本人は
英会話が身につかない」とされる原因の根源には，この話し言葉の差異があ
ると私は考えています．私たちはしばしば，母語である日本語のオーラル・
コミュニケーションをモデルに英語のオーラル・コミュニケーションをとら
えようとしがち．ところが当然ながら，日本語と英語では「話す作法」がお
おいにちがう．話の構築の仕方も，耳の澄まし方も，かなり差がある．にも
かかわらず，無理矢理日本語式の話し言葉のルールをあてはめて英語を運用
しようとすれば，おかしなことが生じるしょう．

固有名詞で練習する

　かなり脱線してしまいましたが，最後に固有名詞の話に戻りましょう．固
有名詞の聞き取りの問題は，日本語と英語の重要な違いに気づかせてくれま
した．それだけに，固有名詞に注意を向ければ，英語的な耳の使い方を鍛え
ることも可能ではないかと思われます．はじめて聞く固有名詞は，「意味」
としてではなく「音」として聞こえる．固有名詞を聞く練習をすることを通
し，私たちは英語の残響に敏感になることができるのではないでしょうか．

日常的な練習として考えられるのは，ニュースなどを聞きながら固有名詞がいくつ出てくるか数えてみるといった方法です．その次には，固有名詞だけを書き取るということもできるでしょう．

　ここではビートルズ関係の音声を用意しました．[3] ビートルズの前身のバンド「ザ・クオリーメン」の，これまで知られていなかった写真が出てきたというニュースの音読です．これを使って固有名詞がいくつ出てくるか数えたり，出てきた固有名詞を書き取る，といった練習ができます．

ビートルズに関するニュース　　　　　　　　　　　　　◉))14

以下がスクリプトで，下線を引いた部分が固有名詞です．

The previously-unpublished photo of The Quarrymen shows Paul McCartney, John Lennon and George Harrison a year before becoming The Beatles. The picture, captured in a Liverpool home in 1959, has surfaced on the 50th anniversary of McCartney announcing he was leaving the group. "History shines in every dimly-lit detail," said Beatles' historian and author Mark Lewisohn. "Within a year of this moment the Quarrymen had become The Beatles, professional musicians playing long hours in Hamburg," he added. "Four years from here they'd have attained the inconceivable level of fame and popularity that joyously maintains to this day—out from this Liverpool room and across the universe." Lennon formed the skiffle and rock 'n' roll group in early 1957 alongside Rod Davis, Pete Shotton, Colin Hanton, Eric Griffiths and Len Garry. The group was later joined by McCartney and Harrison. McCartney, Lennon and Harrison evolved into The Beatles, along with Pete Best, until he was replaced by Ringo Starr in August 1962.　▶ [訳]

このように固有名詞に特化して聞くことで，英語の文法的な仕組みにも敏感になれます．固有名詞はたいがいは主語か目的語になるので，文の中でも意味のある要素となりやすい．だから，構造的な柱の一つをとらえる力も身につくはずです．

　固有名詞は意味や連想の助けではなかなかとらえられません．純粋にその音素をとらえることが要求される．だからこそ，子音や母音の響き方に耳を慣らすにはとても便利なのです．

第5章の
ポイント

- ☐ 「残響」を活用する
- ☐ 型のある文で耳を慣らす
- ☐ 「名前」を聞く
- ☐ 日本語と英語の聞き方のちがいを意識する

第 6 章 身体・空間で聞くとは

「実存英語」のすすめ

声のインパクト

　教員をしていると学期の終わりには必ず，学生さんの書いた力のこもった
レポートや答案を読む機会があります．力がこもっているだけではなく，気
も，情念も，怨念すらこもっていると感じられることがあります．そんな文
章の中には，思わず「これはすごい！」と声をあげたくなるようなすばらし
いものもあります．こちらも高揚感を覚え，うれしくなってケラケラと笑い
出したくなるほどです．紙の上の文章にすぎないのに，まるで魔法の薬でも
飲んだかのように清々しい気分になる．

　しかし，反対のこともあります．読むだけで何だか体調が悪くなる．お腹
の具合がおかしくなり，頭が痛くなったり，あるいは何だかぴりぴりイライ
ラし，読みつづけることが困難になる．それでも最後まで読まねばならな
い……．

　言葉というのは恐ろしいものだなとつくづく思います．どういうつもりで
書かれたかに関係なく，生理的に受け付けがたいものがある．あるいは内容
がよくても神経に障るものもある．逆にたいしたことを言っていないわりに，
妙に心地良く読めるものもある．

　これまでの章でも触れてきたように，言葉は身体に働きかけます．たとえ
書き言葉であっても，その作用は私たちがふだん気づいているよりも奥深く
まで到達します．意味内容だけではなく，音やリズムや，ときには言葉と言
葉の間の沈黙などが大きな力を持ったりもする．

　書き言葉ですらこうなのです．ましてや話し言葉はどうか．その威力は非

常に大きい．演説だけで何万という人を動かすこともできます．メディアの発達に伴い，会ったこともない人でもその「声」に接する機会は増えました．声の身体的インパクトは誰もが経験ずみでしょう．問題は，音声には言語以外の要素がたくさん含まれているということです．レトリックと呼ばれるような単語やフレーズの使い方などの表現力とは別に，声そのものの個性やジェスチャー，目つき，文字通りの息づかいなど，言語外の要因もからむ．

　私たちの言語学習はどうしてもそうした身体的な部分を蔑ろにしがちです．これは仕方のないことだと思います．そもそも言葉の身体性というものは，「教授→学習→試験」という学校の勉強ルートにはのせにくいのです．言葉とどのように身体的に接触するかは個人差が大きく，集団的な教育ではなかなかフォローしきれない．

　しかし，たとえ教育制度の中に取り入れるのが難しくとも，まったく無視してしまうのは望ましいことではないでしょう．少なくとも，そうした身体の事情ゆえに語学学習に障害が生じうることは意識しておくべきです．

　言葉と身体との間に切っても切れない関係があるというのは現実です．にもかかわらず，そうした「身体の事情」を十分に勘案しないまま，「これさえやれば大丈夫！」と前のめりで展開される英語教育論がある．その結果，見当違いのところに力点がおかれ，なかなか狙っているような効果があげられなくなる．もったいないことです．

　本章では，語学学習の身体性にあらためて注意を向けつつ，そこで「聞く」ことがどのような役割を果たしているかを再確認，そのうえでいくつかの提案をしてみたいと思います．

発音のための身体

　英語の勉強というと，このところ注意が向きがちなのは「しゃべれる」かどうかです．ふだん英語をほとんど使わない人ほど「しゃべれるかどうか」を話題にしたがる．もちろん，「話す」のは重要な能力です．うまく言いたいことが言えなければ勉強でも仕事でも困ることがある．しかし，あまりに近視眼的に「しゃべれるかどうか」を問題にしているだけでは，いつまでた

ってもうまくしゃべれるようにはなりません．英語は私たちにとっては，
「外」の言語．ふだん教室でしか英語と接触していない人が，突然，英語が
できるようになるわけがありません．うまくしゃべれるようになりたければ，
まずはその言語とたくさん接する必要がある．

　それがよくあてはまるのは発音です．発音については昔から大きな誤解が
あります．英語を「しゃべる」というと，とかく発音のきれいさや流暢さの
話になりやすい．そこでは発音は技術と洗練の証しと見られます．しかし，
ほんとうにそうなのか．たしかに日本語話者が「英語の音をうまく発音でき
ない」と感じることはあります．あるいは言葉を口にしても相手に「え？
何？」とわからない顔をされることもある．そうした困難を乗り越えるため
には，どうしたらいいか．舌の筋肉を一生懸命鍛えるべきなのか．

　それも場合によっては必要でしょう．しかし，言うための技術を磨く前に，
ほんとうに大事なのは，きちんと聞くべき音を聞くことです．つまり，「聞
く」技術を磨きたい．発声はたしかに身体の行為ですが，そこには「話すこ
との身体性」以上に，「聞くことの身体性」がかかわっています．後者がも
っと意識されるべきなのです．

　では英語の音を聞くときには，どのように私たちは身体を使う必要がある
のか．もっとも重要なのはストレス・アクセントへの対応ですが，これは他
の章でも触れているので，ここでは子音のことを説明したいと思います．

　ためしにイタリア語と英語とを聞き比べるといいでしょう．英語と比べる
とイタリア語はやわらかいと感じる人が多いのではないでしょうか．なぜか．
イタリア語は母音が耳に入ってきやすい言語なのです．たとえば語尾は必ず
と言っていいほど母音で終わる．これに対し，英語は子音が豊かな言語です．
イタリア語や日本語と比べても種類が豊富だし，それだけに微妙な言い分け
もなされる．

イタリア語を聞くことができるウェブサイト　　　　　　　　　　•)) 15

〈ItalianPod101.com〉

◇公式サイトの無料レッスン

https://www.italianpod101.com/index.php

英語によるイタリア語学習サイト

〈euronews（in Italiano）〉

◇euronews（in Italiano）の YouTube 専門チャンネル

https://www.youtube.com/user/euronewsit

イタリア語のニュース

　英語では母音よりも子音が優勢だということはどんな効果を持つでしょう．たとえば音を聞いていても，連なり流れるよりは，**固まり，切れ，並ぶ**というふうに聞こえる．英語を使うにあたっては，そうしたところに反応できるようにしたいのです．つまり，子音の優位を感覚としてとらえたり，固まり，切れ，並ぶといった運動性に敏感になったりしたい．いったん言語に習熟してしまうと，こうした言語の運動特性はだんだんと当たり前のものとして受け流されるようになり，ひいては意識も向かなくなってしまいます．しかし，日本語話者として最初に英語に感じる違和感はむしろ大切にしたいです．そこには貴重な真実が隠されている．日本語から一歩外に出て，英語という身体をまとうためには，私たちはこの違和感をしっかり確認し，そこに注意を向けるべきなのです．

子音を攻略するために

　では，英語特有の子音的な運動に慣れるには，どのようなリスニングの練習をすればいいのでしょう．まず日本語話者としては早い段階で，子音の一つ一つに注意を向ける訓練はしておきたいです．たとえば car という単語一つとっても，日本語の「カー」とはだいぶ違う．［k］音の違いをしっかり聞き留めたい．また cars と cards の語尾の違いなどにも耳を澄ませたい．この［z］と［dz］は日本語では通常区別されません．どちらも「ズ」にしか聞こ

えない．他にも v/b や l/r の聞き分けなどは日本語話者の難関としてお馴染みでしょう．英語ではこのように日本語では区別されない音が区別されます．私たちの耳はこの違いを聞き取るようにはできていないので，あらためて「これは別々の音なのだ」と耳に覚えさせたい．その際には，純粋に音声を聞くことに注意を向けるだけでなく，その音を言う人の口元を見たりしながら，その動きを真似することも役立つでしょう．発声はまぎれもなく身体的な運動ですから，実際に音の運動を見たり反復したりして身体的に体験すると，耳もより敏感に反応できるようになります．以下に聞き分けの難しそうな単語をあげておきました．音声ともどもご活用いただければと思います（⊘))16はアメリカ英語，⊘))17はイギリス英語）．

⊘)) 16,17

cars / cards　vat / bat　vote / boat　curb / curve
lice / rice　loyal / royal　play / pray

　日本語はもともと音の区分が少ない言語です．音の数が少ない．そのために同音異義語がやたらとある．「しんかん」という音を聞いても，それが「新刊」なのか「震撼」なのか「深閑」なのか，漢字や文脈なしには聞き分けられません．これに対し，英語は音の区分が豊富で，いろんな音がある．日本語話者ならふだんは区別しない音もいちいち区別される．音のポケットをあまりもっていない日本語話者が練習してもできるようにならないと感じるのもそのためです．

　はっきり言って，cars と cards の違いを聞き分けなければならないような場面は，実際に英語を使っていてそうあるわけではないでしょう．文脈でたいてい区別がつく．また，ネイティヴスピーカーでも聞き違いが生じそうなくらいに音が似ているのもたしかです．ただ，子音的な感性が豊かな英語の世界では，これだけ似たような音なのに独立した別の音として聞き取られうる，ということは知っておきたい．そうした違いに耳を澄ます練習をしておけば，さまざまな子音が次々に現れては消えて行く，いかにも英語的な運動

感覚にもついていくことができるようになってきます.

　さらなる練習としては，pull / full のように母音が同じだけど子音が違うといった単語を続けて聞いたり，一文を聞いてそこで th で始まる単語がいくつ出てきたかを数えたり，m で始まる単語だけ書き取るといったことをするのもいいでしょう.

　下記にいくつか練習用のサンプルを示します. まず，母音が同じだけど子音が違うという単語を用意しました. これにならって自分で発声してみて，どれくらいそれが音声認識ソフトで聞き取られるか試すのもおもしろいでしょう（◎ ᴻ）18はアメリカ英語, ◎ ᴻ）19はイギリス英語）.[1]

◎ ᴻ）18,19

pot / dot　pull / full　hat / cat　plate / freight
walking / talking　mountain / fountain

---

　th で始まる単語がいくつ出てきたかといった練習はどんな音源でもできます. ある工学者による講演の一部をあげておきますので,[2] 練習用に使ってみてください.

◎ ᴻ）20

工学者による講演の一部（th で始まる単語を数える）

▶ ［英文スクリプト］［訳］［解答例］

　こちらも同じ講演からです. m で始まる単語を書き取る練習用です.

◎ ᴻ）21

工学者による講演の一部（m で始まる単語を数える）

▶ ［英文スクリプト］［訳］［解答例］

レベルがあがったら，固有名詞の聞き取りの練習なども役に立ちます．スペリングを知らない固有名詞を聞き取るためには，音に集中する必要があるからです．もっとレベルがあがったら，スピーチや会話などで話者が力を込めて言っているキーワードを聞き取り，それをどのように発音しているかを模倣してみるといったことも役に立つでしょう．

響きの違いを聞く

　スターバックスなどの満員の店内で，たまに英語でしゃべっている人がいると，その人たちの声だけがひときわ耳に響くという実感を持ったことがある人もいるでしょう．なぜ英語のほうが耳に届くのか．一つには日本語と音の力点の置き方が違うから，際立って聞こえるということはあるでしょう．しかし，より重要なのはそもそもの音の強さの違いだと思われます．とくに子音．日本語では強く発声される子音を聞く機会はほとんどありません．自分で言う機会も少ない．私たち日本語話者はしゃべるときには，人前であれば，また丁寧であればあるほど，フラットに，かつあまり音をゴツゴツと際立たせないようにする習慣がある．唾を飛ばすような荒っぽいしゃべり方は避けられます．

　これに対し，英語ではひそひそ話なら別ですが，基本的にはこのような「なめらか丁寧モード」にする必要はありません．むしろ子音を中心に音をきっちり言い分けることが重要．しかし，頭でわかっていても私たち日本語話者の身体はなかなかそうならない．だからこそ，練習して身体に覚え込ませたい．子音の強さに耳を慣らすことで，自分で話すときにもそのモードに入っていけるようにしたいのです．

　英語的身体の中で子音がどのような働きをしているかに慣れてくると，例のストレス・アクセントともうまく付き合えるようになります．ストレスは音節におかれますが，そこには母音だけではなく，子音もからむ．子音のおかげでリズムはより明瞭に響きます．とくに短母音が続くと，子音の響きが生きてきます．ウィリアム・シェイクスピアの悲劇『マクベス』には次のような有名な一節があります．

> **⊚ •))22**
>
> Life's but a walking shadow, a poor player
> That struts and frets his hour upon the stage
> And then is heard no more. ▶ [訳]

　1行目の Life's but a walking shadow, a poor player というところと，それに
つづく That struts and frets his hour upon the stage というところを聞き比べると，
違いは明瞭でしょう．前者は長母音が多くややゆったりして聞こえるのに対
し，後者の That struts and frets... というあたりは短母音が続き，テキパキと
テンポよく聞こえる．

　このように音の響き方の違いを聞き分けるのも練習として大事だと思いま
す．同じ英語でもスタイルによって異なった響きを持ちうる．それを体感し
たい．もちろん，響きの違いは話す人の声色の違いなどにも影響されるので，
同じ人が違う文章を読んだり，あるいは同じ文章でも異なったリズムを持っ
ている箇所をそれぞれ読んでいるのを聞くことで，その違いを実感するとい
った工夫もできるでしょう．

　この引用箇所は，有名な 'To-morrow, and to-morrow and to-morrow' で始ま
る一節です（*Macbeth*, 5.5.17–28）．これはマクベス夫人が亡くなったという報せ
を聞いたマクベスが思わずもらすセリフなのですが，それを異なる人による
朗読で聞いてみるのもおもしろいでしょう（この一節についての詳細は，本書
第8章をご覧ください）.[3]

単語は身体の一部

　英語学習で身体感覚が生きてくるのは，発音やリズムとのからみだけでは
ありません．とくに重要なのは，身体や空間への言及があるときです．本章
の後半ではこのことを少し説明しましょう．

　英語にも日本語にも「ダイクシス」（deixis）と呼ばれる言葉があります．
いずれも日常的によく使う語ばかりで，具体的に言うと I, you, he, now, then,

here, there, this, that といったもの，すなわち人や時，場所などを示す代名詞や副詞などです．これらの語は「いつ」「どこで」「だれ」によって発せられるかで，指し示す対象が変わります．たとえば I という語は「だれ」がこれを発するかによって当然指し示す対象が変わりますし，now という語も「いつ」言うかによって，何月何日何時何分かが変わってきます．

　こうした語はよく使われる基本語なのですが，その用法を身につけるのが意外と難しいのです．というのも，これらは話者の身体を念頭において使用されるので，いつも「自分の身体をどう感じ，把握するか」が出発点にあるからです．ある言語の使用者同士（たとえば英語話者，日本語話者など）では，そうした身体意識は共有されています．もしくは言語を介して，身体意識が共有されていると言ってもいいかもしれません．そして，その身体意識の延長として空間感覚もある．しかし，言語が異なると，この身体感覚も異なってきて，それを一対一対応で別の言語に移し替えるのが簡単ではないのです．

　すごく単純な例で言えば，there という語．これは通常の訳では「そこ」とか「あそこ」と訳されます．しかし，日本語の「そこ」と there は完全には重なりません．日本語的身体をベースにした「そこ」と「ここ」という空間意識が，there と here によって形作られる空間意識とは異なるからです．there には「そこ」と訳される意味だけではなく，「ほら」「さあ」といった間投詞としての用法もありますし（There, there now. She'll be back.「ほら泣かないで．お母さん，すぐ戻ってくるから」），ときには「おい」という呼びかけとしても使われる．there is... の構文では「存在する」「ある」というニュアンスもありますし，There you are という表現になると，「さあどうぞ」「ほら，そこにあります」といった意味になる．

　there の意味範囲をぜんぶまとめて説明しようとしても，なかなか難しい．結局は一つ一つの用法を列挙したほうが早いということになるでしょう．しかし，私がここで強調したいのは，そうしたさまざまな用法が there というきわめて身体感覚的な一つの語の中に集約されているということなのです．自分の意識を起点とし，その身体の広がりを延長していくことで世界を空間的に把握しようとするとき，there のような語が重要な役割を果たすのです．

you がうまく言えない

　英語的な身体感覚でもとくに大事なのは，I と you の関係です．どちらの語も機能は明瞭です．英語の「私」と「あなた」の間にはとても安定した関係があり，それがさまざまな表現の土台を形成しています．ところが日本語にこれを訳すとなると，I のほうは「私」「オレ」「あたし」「僕」「ワシ」，you のほうも「君」「お前」「あんた」と訳語が無数にある．これが示すのは，日本語では英語ほどには「私」と「あなた」の構造や距離感が安定していないということです．

　一見すると，I と you の関係が安定しているのは合理的で便利と感じられるかもしれません．しかし，日本語的身体に慣れた私たちにとっては必ずしもそうではありません．たとえば「お好きにどうぞ」と英語で言いたいときにはどうするか．意外とすぐには言葉が出てこないのです．

　こういうとき，英語ではだいたい you を介在させるとうまくいきます．すぐ思いつくのは You can if you want. といった表現．あるいは「あなた次第」というぐらいなら，It's entirely up to you. でもいい．up to には「決定権がある」と「責任がある」の両方の意味があります．ついでにいえば，down to you というのもあって，こちらはより明確に「責任がある」となる．ここに up や down といった位置・空間を示す語が使われ，I と you が空間の上と下でとらえられているのはおもしろいです．下から仰ぎ見るような up to の視線に対し，It is down to you. では上から下に降ってきた，というニュアンスが感じられる．いずれにしても，英語では言葉に出されずとも，つねに I-you という関係性が土台にあって，そこに身体を巻き込んだ位置感覚や空間意識もからむ，話者もそのネットワークを活用するとうまくいく，ということです．

　しかし，日本語話者にはこの I-you の潜在的な枠組みが，なかなか見えないのです．だから，一から表現を組み立てようとしてしまい，なかなかうまくいかない．I-you 関係は，英語的身体の中で「私」が世界や他者とかかわりを持つときの基本で，私たちが言葉を発する前からすでにそこにあるプラ

ットフォームのようなものなのです．それが物理的に実在するかのように感じられれば，ひょいと乗っかることは簡単になるでしょう．

　そういう意味ではこのプラットフォームをもっと活用するために，you を使った表現に特化して訓練をするのも一つの手だと思います．先ほどの Here you are や There you are もそうですが，you を入れた表現には基本的でよく使うものが多いのに使いこなされていない．駅のホームで「線から出ないで」と言うなら，英語では（You）Stand behind the line. と言えば簡単なのですが，You から始める文や，You が前提とされた（しかし省略されている）命令形がなかなか出てこない．リスニングの練習もニュースや講義などだけではなく，I と you が頻繁にやり取りを交わすような題材を使うことが求められるでしょう．

　もう一つ，I-you という枠組みにからんで大事なことを付け加えると，英語では発話時に相手の名前を挿入することがとても多いです．John, I don't think we should do that. のように，ちょっと会話の中で相手の名前を入れる．そうすることで関係性を安定させるのです．もちろん，そのニュアンスは文脈次第ですが，少なくとも I-you 関係がある種の空間感覚とともに土台にあるからこそ，こうした相手への言及が自然に感じられるのは間違いないでしょう．

　しかし，これが日本語話者には難しい．少なくとも私には難しいです．あるいは地域差があるのかもしれません．関西では「なあ，あんた」とか「運転手さん，冷房がちょっときついんやけど，さげてもらえますやろか」というふうな言い方を耳にすることがあります．ああ，関西弁は距離が近いんだな，と思ったりする．関東圏なら前者も後者も「あの」とか「すいません，冷房が……」というふうに，相手への直接の呼びかけは避けるのではないでしょうか．

　私がこの呼びかけの問題に気づいたのは，専門にしている英語の抒情詩で非常に多く呼びかけが出てくるからです．日本の学生さんには，こうした呼びかけが取っつきにくく感じられるようです．感情を発散させるときに，you に向けて言葉を発するという詩のパターンもまた，潜在的に I-you 関係があればこそ形作られてきたのではないかと思います．

「実用英語」よりも「実存英語」

　there や you といった語に注目すると，私たちがしばしば英語学習に感じる難しさの今一つの原因が見えてきます．外国語で比較的身につけやすいのは，自国語と一対一で対応する用語の体系です．たとえば法律用語とか，野球用語，文芸批評や料理の用語などがあげられます．これらは完結した体系をなしているので，それをまるごと輸入すればいい．英語で使われているものをそのまま日本語に移すことができるのです．身体にかかわるものであっても，たとえば身体パーツの名称などなら比較的簡単に翻訳もできるし，それを覚えたり使ったりもできる．

　難しいのは，独立した体系をなしていない，もしくは体系に穴があいている場合です．とりわけ，there をはじめとした指示的なダイクシスのように身体感覚が出発点にあるものは，「生きた私」がその状況に巻き込まれていることが前提で使われる語です．だから，こうした語は究極的には「実存」とつながっていると言えるでしょう．たとえ there のように単純な語であっても，「私」が英語的な there の感覚を受け入れ，身につけていないとなかなかうまくいかない．言語が閉じた体系ならその記号の付置を「頭」で理解すればいいわけですが，身体感覚はそうした体系の外から割り込んでくる．だから頭だけではなかなか習得しきれないのです．

　しばしば海外に行った人が「学校の英語が役に立たなかった！」と苦情を言うのは，こうした事情がからんでいると思われます．海外でうまく英語で用が足せないのはいったいどんなときか．私自身，印象に残っている出来事があります．大学の図書館でコピー機を使っているときに紙がなくなってしまった．「すいません，紙が……」と図書館員の人にたずねたところ，その答えがよく聞き取れない．一瞬ののち，In there. と言っているのがわかりました．「その戸棚の中よ」ということだったのです．このとき，there という語が，ほとんどひょいと手をかざすようにして使われていたのを思い出します．there や here はこのように身体の延長として機能するのです．

　あらためて振り返ってみると，英語で用が足せなくて苦労したのは，たい

ていは身体感覚や空間の延長がからんでいるときだったように思います．「あのビルの裏からちょっと入ったところにあるパブ」とか「こことここを折り曲げて差し込むと，ほら，うまく入った」なんてことを言われると，途端に「え？　え？」とわからなくなる．ましてや自分でそうした空間感覚を表現するのはすごく難しい．「ほら，それとってよ」とか「そこにあるよ」程度のことでも聞き取れなかったり，すぐに言えなかったりするのです．ところが「この詩には生と死の二項対立が埋め込まれていて，それが詩の展開につれて別の対立に乗っ取られる」というような抽象的なことは，単語の意味さえわかればすぐに理解できるし，自分でも言える．

　空間のかかわる表現では，自分と相手が時間と空間の中心にいることが前提となります．そこでは話し手と聞き手の立ち位置や視界も重要です．これは机上では勉強しにくいです．そもそも勉強という手法が馴染まない．それよりも，状況の中に身を置きながら「なるほど，こういうときはこういうふうに言うのか」と身体的体験の一環として言葉を覚えていくほうが早いし，身につく．使えるようにもなる．今流行のコミュニカティブ・アプローチも，根にあるのはこうした発想でしょう．

　しかし，このアプローチには限界もあるということは忘れてはなりません．あらゆる状況がこのように現実的に体験できるわけではないし，そうしたセッティングばかりを求めればかえって効率が悪くなる．言葉を身体的・空間的に学習していくという方法は，むしろ例外的に使うものだと考えたほうがいいと私は考えています．

　「私」の身体的延長に根ざした表現は，人間が幼い時期に身につけるものです．まだ概念の発達が十分でないときに使われるもの．だから，非常に感覚的です．またその言語特有の，文化の影響も受ける．そういう意味では普遍性に欠ける．他の言語に翻訳するのも難しい．これに対し，机上で学べるものは，文法を知り，語彙さえ増やせば，効率的に身につけることができます．翻訳もしやすいし，概念として整理されていることも多いので，ある程度の成長段階に達していれば，外国発のものであって理解しやすい．加えて重要なのは，そうした外国語の体系を理解することを通し，システム的思考そのものの訓練もできるということです．これは英語学習が，英語学習を超

えた意味を持つということにもつながります.

　教室で学ぶ英語や入試問題に出題される英語が「役に立たない」と主張し,「実用英語」を看板に掲げる人もいますが,そこには早とちりがあると思われます. そもそも「実用英語」などという完成型の英語は存在しないのです. どんな英語も「実用的」. ただ,海外で英語を実際に使ってみると,机上で習った概念的・システム的な英語では対応できない状況に直面することがある. それをとらえて「だから,学校英語はだめだ」と断じるのはやや早計なのです. 学校英語があくまで「教授→学習→試験」といったルートで行われざるをえないのは仕方のないことです. そして,そうしたルートにうまく乗らない要素が言葉にあるのもまた事実. その代表が身体や空間にかかわる表現. しかし,それはごく一部です. ヒステリックに全否定をするのではなく,「ならば足りないところは補い,うまくいっているところは残そう」と対応するほうがはるかに合理的ではないでしょうか.

　身体・空間がかかわる英語をリスニングを通して身につけるための方法はきわめて単純です. そうした状況を身を置き,実際に「英語的身体」を体験するのが一番いい. たとえば折り紙の折り方を英語で教えたり教わったりすれば,そのプロセスを英語で言ったり聞いたりするのがいかに難しいかがすぐわかるでしょう. 英語を使って野球やダンスをする,あるいは犬小屋を作ったり,木に登ったりしてみる. そうした状況では,「ほら」とか「それとって」とか「あ,こっちね」というふうに,言葉と身体活動とが連動します. まさに身体が言葉を覚えるということになる.

　ただ,このような実技的な状況をつくるのは骨が折れます. 適宜,映像などでも代用は可能かと思われます. 映画や舞台なども役に立つ. あるいは一番いいのは,身体的な運動性を伴ったゲームアプリかもしれません. いずれにしても気をつけなければならないのは,身体・空間の英語を学ぶには音声だけでは十分でないということです. 是非,三次元でやってみたい.

　すでに触れたように,こうした学習はテスト形式でやるのは難しいです. これまでうまくいかなかったのも,学習プロセスにうまくはまらないからでした. なので,場合によっては本格的な学習が始まる前の初等教育（小学生など）で重点的にやるというのも手かもしれません. 中等教育でやるなら,

気づいた新しい表現をメモするといった方法も考えられますが，このように身体的なアクションと机上の学習とを無理に結びつけようとしてもうまくいかないことは多くの先生方は経験的にご存じでしょう．

　いずれにせよ，身体・空間にかかわる英語は，体系化された知を学ぶための英語の勉強とは別個に行えばいいのだ，という認知が広がれば，「実用英語がよくて，教養英語がだめ」といったおよそ的外れな対立構図からも自由になれるでしょう．そうすれば，「システムの英語は十分に机上でも学べる」「ほとんどの現実的な状況には，体系化された知が前提として必要である」といったことも再確認される．いきすぎたコミュニカティブ・アプローチ万能主義にもブレーキが掛けられるのではないかと期待しています．

第6章の
ポイント

□　「子音」の攻略
□　英語的身体の「響き」を身につける
□　スタイルの違いを聞き分ける
□　英語的な身体や空間を体験する
□　状況に巻きこまれてみる

第 7 章

人間を聞くとは

「伝え聞き」の秘密

残る言葉, 消える言葉

　私たちが言葉と接するときには, 必ずその**本質的な「儚さ」**と向き合うことになります. 語られた言葉は流れ, 消え, 忘れられる. 私たちはその言葉が消えないように, 繰り返したり, 強めたりして, 相手の記憶に刻みつけようとする. オーラル志向の強い英語のような言語では, 書き言葉であってもまるで話し言葉のように反復や羅列などがよく使われたりもします.

　そうした「儚さ」に抗うのに, 第5章で扱った「耳の記憶」はとても有効な装置となります. 耳は, あっという間に消えてしまう音声の残響をとどめる潜在力を持っている. 言葉そのものにも, そうした記憶を助ける力がある. 残響しようとする力です. 私たちが言葉を残そう, 響かせようと一生懸命努力をする傍ら, 言葉も勝手に残ろうとするのです. こうしてみると, 「どうやって残すか」「残るのかどうか」といったところは, 言語の運用にあたっての大きな注目ポイントだと言えます. 人間にとって「自分の言葉が残る」ということは, それ自体が喜びの源ともなる. ちょうど子孫を残すことと同じように, 疑似的に生命の持続を感じさせるのでしょう.

　「言葉が残る」という感覚はさまざまな形で表現されます. 手紙や日記, 遺言などは昔からよく使われてきた方法ですが, こうした「届け先」のはっきりしたものでなくとも, 不特定多数に向けて言葉を残そうとする試みもよくあります. そうした場合, 言葉の発信者だけでなく, 受け手のほうも「言葉を受け取る」「聞き届ける」というプロセスを通して何かを得てもいるように思えます. とくに興味深いのは, 言葉の表現者と受け取り手の間に幾重

もの断絶がある「又聞き」や「盗み聞き」の事例です．そこでこの章では，言葉を残す人と，それを受け取る人との間の距離に注目し，そこでいったい何が起きているのかを文学作品の事例を参考にしながら考えてみたいと思います．

残響としての『フランケンシュタイン』

『フランケンシュタイン』（1818 年）という小説をご存じでしょうか．主人公はヴィクトル・フランケンシュタイン博士．博士は私生活では微妙な問題を抱えていますが，並外れた頭脳の持ち主として科学の道をきわめています．そんな彼がやがて知の力を過信するようになり，ついに禁断の領域に踏み込むというのが物語の発端です．博士は自らの手で，人間を作り出そうとするのです．そして犯罪者の亡骸から材料を集め，見事，試作に成功．ここに名高い「怪物」が誕生します．ところが，博士は自らが作り出した怪物のあまりのおぞましさに恐怖にかられ，それを放置して逃げてしまいます．置き去りにされた怪物は，自らの作り主に怨念を抱き，復讐を誓う．

荒唐無稽といえばそうなのですが，ストーリー展開が「ありえない」ものであるわりに，不思議と引き込まれる，説得力をもった作品でもあります．一つには，著者であるメアリー・シェリーがこのフランケンシュタイン博士に自身を重ねていたせいではないかとも言われています．メアリーは執筆に先立って子どもを流産しています．そうした体験と，フランケンシュタイン博士の人間創出へのこだわりとが重なるという．また当時はまだまだ創作活動は男性が行うものとされていた．彼女はそんな自身の執筆体験を，博士の禁断の科学実験と重ねていたのかもしれません．こうした『フランケンシュタイン』読解は，廣野由美子さんの『批評理論入門——『フランケンシュタイン』解剖講義』にまとめて紹介されていますので，[1] 是非，ご参照ください．

ところで『フランケンシュタイン』のような作品は一般には「ゴシック小説」というジャンルに分類されることが多いです．ゴシック小説は 18 世紀から 19 世紀の英国でおおいに流行したジャンルで，中世の城などエキゾティックな場所が舞台となって超自然的な現象が起きたりするのが特徴です．

『フランケンシュタイン』でもアルプスの氷河や北極など極端な場所が舞台として選ばれ，怪物は二メートル以上の背丈があって，恐るべきスピードで氷の上を走ってくるといった描写があったりします．

　私たち読者はこうした場所にはなかなか足を運べません．だからこそ，こうした物語に接するとその珍しさや怪奇さに魅了されたりもするわけですが，私たちが物語を受け入れるにあたってはそれなりの準備も必要です．『フランケンシュタイン』ではそれが「又聞き」というステップに表れています．

　この作品ではいきなりフランケンシュタイン博士が登場するわけではないのです．最初に出てくるのはウォルトン船長という人．この船長が北極海を航海しているときに瀕死のフランケンシュタイン博士と出会ったというところから小説は始まります．このウォルトン船長を通してフランケンシュタイン博士の述懐を聞く，という形で私たちは物語を受け取るわけです．

　それだけではありません．物語の中枢の部分は，実は怪物自身の体験談からなります．博士の手でこの世に生み出されたものの，右も左もわからないどころか，言葉も持たず，知覚さえも未発達．まさに赤ん坊と同じような状態でこの世に放り出された怪物が，知覚を獲得し，他者との接触を通して言葉を覚えていくという過程がある．しかし，怪物自身がこの過程を私たちに向かって語るわけではなく，あくまで怪物が博士に対して語ったものを，さらにウォルトン船長を介して私たちが受け取るという形になっています．

　このような語りは「入れ子構造」（frame narrative）を持つと言われます．仲介者がいて，少しずつ話が伝わってくるという仕組みです．まさに「又聞き」の構造．このような仕組みでストーリーが語られるのは，日常世界からあまりに遠く離れた「奇譚」を受け入れるのに，一種の緩衝地帯が必要だということもあるでしょう．つまり「ありえないストーリー」を受け入れるためのクッションのような作用を「又聞き」という設定が果たす．

　しかし，もう一つとても大事な要素がここからは読み取れます．それは怪物の物語にしても，博士の物語にしても，いずれも「残された言葉」として私たちに伝わってくるということです．リアリティを補強するだけでなく，言葉が残り，私たちのところにまで届くという設定には特有の味わいがある．第2章でも触れたように，人間にとって言葉を受け取るとは，毛づくろいや

スキンシップにもつながる行為．ときには愛撫にも近い体験として感じられます．『フランケンシュタイン』という小説には，そうした言葉の伝達に伴う快楽のタネがつまっているのです．

立ち聞きと英語圏文化

　こうした言葉との付き合い方は，英語圏に特有のものなのでしょうか．英語を学ぶにあたっては，「英語」という抽象的なシステムだけが対象となるわけではありません．当然背後の文化もからむ．近代英語には 500 年前後の歴史がありますが，その歴史の中で政治的・経済的・宗教的な要因からも影響を受け，英語は地域ごとに特色のある言語として育ってきました．もちろん今でも変化は続いていますので，10 年後，50 年後，100 年後にはその姿はさらに変わり，また多様化もしているでしょう．特定の地域の英語にターゲットを絞って勉強することもだんだんと意味がなくなっていくかもしれません．ただ，少なくとも「聞くこと」へのこだわりと，近代初期の英国文化との間に密接なかかわりがあったことは気に留めておいてもいいように思います．

　『フランケンシュタイン』が書かれたのは 19 世紀のはじめですが，これは 18 世紀に生まれた小説というジャンルが読者層を拡大しつつあった時期です．『フランケンシュタイン』のようなゴシック小説に対し，まったく趣が異なる，より写実的でおとなしい舞台設定の作品も多く書かれています．日本でもよく知られているのは『高慢と偏見』や『分別と多感』『エマ』などを書いたジェイン・オースティンや『ジェイン・エア』のシャーロット・ブロンテといった作家でしょう．オースティンの作品には怪物や死体などは出てこなくて，描かれるのははるかに静かな世界です．主な関心事は，主人公の女性が誰とどうやって結婚するかといったことです．

　そんなオースティンの作品世界にも「又聞き」や「言葉の伝搬」は頻繁に出てきます．その理由の一つは，誰かの秘密を聞きつけたりすることが，話をおもしろく展開させるうえで非常に有効だからでしょう．とりわけオースティンの小説では，超自然的なことが起きたり，人が殺されたりしないので

出来事は少なく，展開は地味です．そういう中で，「盗み聞き」や「又聞き」はかなりドラマチックな装置として機能します．当時は現実に盗み聞きが横行してもいたようで，作法の本などを読むと，こっそり人の話を立ち聞きしたりしてはいけないといった戒めがあったりもします．

しかし，オースティン作品で「又聞き」が多いのにはもう一つ別の理由があります．オースティンをはじめとした近代小説はその背後に，言葉を聞くことが人物の「心の真実」をとらえることにつながるという考えを持っていたのです．言葉は「心の窓」．言葉をどう扱うかにその人の人格も表れる．小説は近代ヨーロッパで盛んに書かれるようになり，その後日本にも輸入されたわけですが，今に至るまでこのジャンルの芯にあるのは，人間の心がどのように動くかへの関心です．聞くことはそうした「心の事情」を見極めるための重要な手段なのです．考えてみれば，個人の心の微妙な動きを最大限尊重しなければならないという考えは今までにも増して私たちの社会の重要な基盤となっています．当然，聞くことの意味も深まっている．

小説は近代個人主義の価値観が投影されたジャンルです．自由で自立した個人を支えるのはそれぞれが心に持っている「内面」だという考え方が，ほとんどの小説に内包されている．それは英語圏に限らずさまざまな場所で共有された価値観でもあります．そのあたり，こんどは日本語の小説の例を見ながら確認してみましょう．

「聞き届け」の意味

「言葉がここまで届いた！」という感覚は，しばしば手紙や手記——最近ではメール——によって演出されることが多いです．典型的なのは夏目漱石の『こころ』や太宰治の『人間失格』などでしょうか．このように文書を介して間接的に重要な真実が暴露されるという成り行きは，定番と言ってもいいくらいさまざまな文学作品に見られてきました．

しかし，定番とは言っても，こうした告白のパターンは，とくにこの数百年，特徴的に見られるようになったものでもあります．今触れたように，個人というものが「内面」を持つという考えが浸透したせいもあるでしょう．

人知れず恋愛感情などの「欲望」を持つのが近代人の特徴だとされるように
なった．人は誰しも，ナイショの真実を隠し持っている——そんな人間観を
私たちは共有しているのです．だからこそ，告白も「なるほど」と受け取ら
れうる．一見おもてには出てこなくても人には意外な面がある，そうした意
外な面を持っている人こそが深みがあり，わざわざ小説に描かれるに値する
とされる．

　こうした内面を表すのに，「声」という語が使われるのはおもしろいです．
音声は絶えず動き，やがては消える．でも残響という作用がある．「内面の
声」とか「ほんとうの声」といった表現が示唆するのは，内面の思いという
ものは放っておけば消え去り，忘れられてしまうけれど，努力したり，語り
継いだりすれば何とか残すこともできるし，伝えられうるということです．

　こう考えてくると，「聞く」ことが私たちの人間観をとらえるにあたって
非常に重要だということがあらためて痛感されます．**人間というものは「聞
き届け」たり「聞き届けられ」たり，ということを絶えず行うことで人間た
りえている**．それほど情報を残したり，伝えたりすることにこだわる生き物
なのです．

　こうした「聞き届け」の構造は，私たちの日常でも意味を持ちます．「～
さんが……だと言っていたよ」という言い方をすると，単に「……だよ」と
自分の責任で語るよりも，言葉に何かが加わります．例の入れ子構造と同じ
です．直接的な断定よりも，このように仲介された情報のほうが残響効果が
大きく，耳にも残りやすい．

　おそらくその理由は，私たちが**「すでに誰かが使った言葉」に強く反応す
る**ということにあるのではないでしょうか．一般に消費材は未使用のものの
ほうが価値が高い．言葉も新しくて誰も口にしたことがないほうが，新鮮で
価値が高そうです．しかし，「すでに誰かが使った言葉」には，新鮮さとは
別の価値が生まれる．私たちが「聞き届け」にこだわるのも，そうした使用
感に魅力を覚えるからではないでしょうか．

　この使用感は「他者性の刻印」と呼ぶべきものです．言語学者のフェルディ
ナン・ド・ソシュールは，言語を二つの層に分けて考えました．語彙や文
法などの規範的な部分はラング．一つ一つの発話がパロール．英語や日本語

といった言語は，それが実際に使用されなければ抽象的な規則の体系にすぎません．しかし，誰かが発話したり書いたりすれば，それが具体的な言語の使用例となる．内容が誤っていたり，文法的に逸脱していたりするかもしれないけれど，少なくともそこでは現実との生々しい接触が生じ，**言葉に他者性が刻印される**のです．言葉は，潜在的な使用可能性としてのラングの次元から，パロールの次元へと降り立つわけです．そして，この時点ではじめて「聞き届けられうる」ものとなる．そうした言葉のみが響きを持ちます．

「小僧の神様」の「漏れ聞こえ」

　話がやや抽象的になったので，再び具体例を参照しましょう．以下に引用するのは志賀直哉の有名な短編「小僧の神様」の冒頭部です．作品の主人公は秤屋の小僧の仙吉．この場面では，仕事の最中に仙吉がたまたま番頭さんたちが交わしている会話を耳にします．これを「盗み聞き」と言うとちょっと強い．英語で言うと overhear くらいの感じでしょうか．「小耳に挟む」などが適切な表現かもしれません．

　　仙吉は神田のある秤屋の店に奉仕している．
　　それは秋らしい柔らかな澄んだ陽ざしが，紺の大分はげ落ちた暖簾の下から静かに店先に差し込んでいる時だった．店には一人の客もいない．帳場格子の中に坐って退屈そうに巻煙草をふかしていた番頭が，火鉢の傍で新聞を読んでいる若い番頭にこんな風にはなしかけた．
　　「おい，幸さん．そろそろお前の好きな鮪の脂身が食べられる頃だネ」
　　「ええ」
　　「今夜あたりどうだね．お店をしまってから出かけるかネ」
　　「結構ですな」
　　「外濠に載って行けば一五分だ」
　　「そうです」
　　「あの家のを食っちゃア，この辺のは食えないからネ」
　　「全くですよ」

若い番頭からは少し退ったしかるべき位置に，前掛の下に両手を入れて，行儀よく坐っていた小僧の仙吉は，「ああ鮨屋の話しだな」と思って聴いていた．京橋にSという同業の店がある．その店へ時々使に遣られるので，その鮨屋の位置だけはよく知っていた．仙吉は早く自分も番頭になって，そんな通らしい口をききながら，勝手にそういう家の暖廉をくぐる身分になりたいものだと思った．[2]

　こうして番頭たちの会話を耳にした仙吉は，おいしい寿司を口にしてみたいと思う，これがこの短編の発端です．その後，仙吉は実際に寿司屋には行くものの，お金がなくて惨めな思いをします．ところが，そんな仙吉の様子をある貴族院議員がたまたま見ていた．この人は仙吉のことを気の毒に思い，寿司を御馳走してやります．

　この後，おもしろいのは，御馳走しておいてこの議員のほうがかえってやましい気持ちになってしまうことです．いかにも志賀直哉らしい展開でしょう．結局，議員は仙吉に対しては身分を隠すことにします．住所もデタラメを教える．他方で，寿司を御馳走になって喜んでいた仙吉も，「あれ？　どうして自分が寿司を食べたいこと知ってるんだろう？」とあやしみ始める．ここから一気に結末に向けて話が進みます．展開があざやかなこともあり，日本の小説史に残る名品とも言われています．

　今の粗筋でもわかるように，この作品には二人の重要な人物が出てきます．仙吉と貴族院議員です．それぞれプロットがある．そして，この両者のプロットが交わるところに物語的なおもしろみが生まれるわけです．こうしたプロットの交差を可能にする仕掛けは「聞く」ことにあります．仙吉が寿司屋の評判を小耳に挟んだことが大きなきっかけとなり，そのあと，こんどは貴族院議員が仙吉の失敗を目の当たりにする場面につながります．

　この「小僧の神様」の例からわかるのは，外から聞こえてくる「他者性の刻印された言葉」には，物語を動かし読者を感動させる力があるということです．仙吉がたまたま小耳に挟んだ言葉にしても，あるいは貴族院議員が遭遇した寿司屋での仙吉の失敗にしても，たまたま耳に入ってきたり目に入ったりしたもの．距離を超え，伝わったものなのです．その貴重さに私たちは

物語的興奮を覚える．

虎の声の威力

　最後にもう一つよく知られた「漏れ聞こえ」の例をあげましょう．

　中島敦の「山月記」の主人公の李徴は野心あふれる若者で，文学者として名を残すことを夢み，刻苦勉励に励んでいました．気難しいところもあり（作中では「狷介」という言葉が使われています），人付き合いも少なく隠遁者のような生活を送っていました．しかし，その李徴がある日，忽然と姿を消してしまいます．今で言えば，「失踪」ということになるでしょうか．

　そしてしばしのときが流れます．ある日，李徴が心を許した数少ない友人の一人である袁傪という官吏がたまたまある谷間を通りかかったとき，虎に襲われそうになります．しかし，虎はすぐに身を翻して草の中に戻る．そしてそのあと，「あぶないところだった」という呟きが繰り返されるのが聞こえてきます．

　何とこの虎は，かの李徴が成り変わったものだったのです．虎となった李徴は，自分もかつて人間であったことを忘れ，人を襲っている．しかし，ときに人間の心が戻ることもある．かつての友の袁傪との再会は，どうやら彼にそんなひとときをもたらしたようです．おかげで彼は，すんでのところで袁傪を襲わずにすんだ．

　しかし，このあと，李徴は袁傪としばし会話を交わすのですが，虎となった自分の姿を恥じて，草むらから表に出てこようとはしません．姿は見せないまま，声だけが語りかけてきます．

　李徴の告白は驚くべきものでした．虎への変貌はある日突然起きた．そのきっかけはどこからともなく聞こえてきた「声」だったというのです．

　　　今から一年ほど前，自分が旅に出て汝水のほとりに泊った夜のこと，一
　　　睡してからふと眼を覚ますと，戸外で誰かが我が名を呼んでいる．声に
　　　応じて外へ出てみると，声は闇の中からしきりに自分を招く．覚えず，
　　　自分は声を追うて走り出した．無我夢中で駈けて行く中に，いつしか途

は山林に入り，しかも，知らぬ間に自分は左右の手で地を摑んで走っていた．何か身体中に力が充ち満ちたような感じで，軽々と岩石を跳び越えて行った．気が付くと，手足や肱のあたりに毛を生じているらしい．[3]

　李徴はこうして虎へと変貌しました．一日のうちに数時間は人間の心が帰ってもくるのですが，だんだんとその時間も短くなりつつあるという．「少し経てば，おれの中の人間の心は，獣としての習慣の中にすっかり埋れて消えてしまうだろう」と李徴は苦しそうに言います．
　李徴を追い立てた声がいったいどこから聞こえてきたのかはわかりません．ただ，李徴の次のようなセリフには謎を解くカギが隠されているかもしれません．

　　人間は誰でも猛獣使であり，その猛獣に当るのが，各人の性情だという．おれの場合，この尊大な羞恥心が猛獣だった．虎だったのだ．これがおれを損い，妻子を苦しめ，友人を傷つけ，果ては，おれの外形をかくのごとく，内心にふさわしいものに変えてしまったのだ．[4]

　彼を追い立てたのは，彼自身の内側から聞こえてくる声だったのかもしれないのです．しかし，その声を李徴が，まるで外から来る声であるかのように聞いたというところがとても興味深い．
　私たちにとってほんとうに大事なこと，とくに内面の奥にあり，自分でもよくわかっていないようなことは，実は「外からの声」として聞こえるのかもしれません．内面の真実は出所不明の声として外から到来する，そんな感覚を，超越的存在への信仰が薄れたとされる今になっても，まだ人間は共有しているのかもしれないのです．
　そうした「見えない声」の到来という状況は，李徴が袁傪と言葉を交わすときにも生じています．李は虎になった自身の姿をさらすに忍びないと言います．そのため，彼の袁傪への告白は草むらの中から行われる．つまり「見えない声」という形をとって行われるのです．そのおかげでこそ，袁傪の心にも響く．

話者の姿が見えないまま聞こえてくる声は，その「漏れ聞こえ」の構造ゆえにより重みを持ちます．そこでは「聞き届け」という要素が強くなるからです．言葉を聞き届けることには困難さが伴う．それは他者とのかかわりに伴うさまざまな困難とも通ずるような難しさです．しかし，なぜか私たちは聞くのが難しい言葉をこそ，より強く求めてもいる．「小僧の神様」や「山月記」では，その難しさが興味深い物語展開に結びつきます．聞き届けるのが難しい声を聞き取れるかどうかが物語の胆となるのです．たとえたった一言でも，強烈な他者性や遠さが刻印されている声には私たちは感動を覚える．なぜ，そうなのか．簡単には答が出ないと思います．しかし，一生懸命聞くという語学習得のための努力の向こうには，そうした他者性との出会いの可能性が見えています．他者性の残響をとらえたい．リスニングの理想ではないでしょうか．

第 7 章 の
ポイント

□　**聞くことの社会的意味**
□　**「伝え聞き」の物語**
□　**小説で「漏れ聞こえ」が多いのはなぜか**
□　**なぜ他者の声に感動するのか**

II

技術編

第 **8** 章 山と谷を感じる
野ウサギを追い回さない

野ウサギを捕まえる

　この技術編では理論編で考えたことを踏まえ，リスニングの練習をどう英語学習に結びつけるかをより技術的に考えていきます．そのためのトレーニングの方法にも踏み込んでいきたいと思います．

　最初に確認したいことがあります．英語でやり取りをしていて，相手が何を言っているのかさっぱりわからないというとき，みなさんはどう反応するでしょう．おそらく自然なこととして，言葉の音を一つ一つしっかり聞き取ろうとするのではないでしょうか．前のめりになり，聞き耳を立てる．もちろん，間違ってはいません．どんな音が，そしてどんな単語が口にされているかを聞き取ることが，意味をとるためには必要です．しかし，こうした姿勢が逆に私たちの理解を妨げることもあるのです．

　ちょっと想像してみてましょう．「よし，言葉を聞くぞ！」と前のめりになったとき，私たちは状況とどのように向き合っているか．まるで野ウサギのように野原を駆け巡る音を，それこそ一匹一匹追いかけていってとっ捕まえてやる！　と一生懸命になっているのではないでしょうか．

　これまでのリスニングの教科書の多くは，リスニングに特化したものであればあるほど，このとっ捕まえてやる！という意気込みを前面に押し出しています．たとえば，ある大学生向けのリスニング教科書では次のような会話の例をあげ，詳しい説明を添えています．[1]

Laura: Did you eat yet?

John: No, did you?

Laura: No, but I am hungry. What do you want?

John: Um, I don't know. Could you just make some of your delicious chicken salad?

Laura: Do you know how long that takes? I don't feel like it. You wouldn't want just to go out, would you?

John: I already told you we're short on money this week. You don't listen to me, do you?

Laura: Yeah, I heard. You wouldn't want to go to the store, then, would you?

John: Sure. What do you want?

［訳］

ローラ：ご飯食べた？

ジョン：まだ. 君は？

ローラ：まだ. お腹空いたなと思って. 何食べたい？

ジョン：そうね. 何がいいかな. 君が得意なチキンサラダとか？

ローラ：あれ, けっこう手間なんだよね. ちょっとあれかな. どっか食べに行くのはどう？

ジョン：言ったよね. 今週はお金がタイトなんだよ. オレの話, 聞いてないだろ.

ローラ：うん, そうだったね. じゃ, 何か買ってきてくれる？

ジョン：わかった. 何がいい？

　男女のカップルが何を食べるかを話題にしている会話で, さほど難しいことが言われているわけではありませんし, 日本人学習者に馴染みのない単語もとくにない. ところが, この会話に添えられている説明はかなり詳しいも

のになっています．焦点があてられるのは，［dʒu］［ジュ］という音です．

　　［dʒu］［ジュ］の音が何度となく聞こえてきますが，正確にはそれぞれ
　微妙な違いがあります．最初のやり取り "Did you eat yet?" での "Did
　you"［didʒu］は，実際は［di］を速く発音しているため，［ジュ］だけ
　のように聞こえるかもしれません．また，四カ所ある "do you" も，最
　初の "What do you want?" では，［du:ju:］，最後の "What do you want?"
　では，［dəjə］という音です．残りの二つは［du ju］です．"could you"
　［kudʒu］，"would you"［wudʒu］，"told you"［touldʒu］は共通して［dʒu］
　の音です．²

　とても精緻な分析です．ふだんは意識していなくても，あらためて説明さ
れると，なるほど，と思います．ただ，英語がうまく聞き取れなくて困って
いる初級学習者へのアドバイスとしてこうした分析は詳しすぎないでしょう
か．果たして，どれくらい有用でしょうか．
　ここにあげたのはあくまで一例なのですが，多くのリスニングの教科書で
もこのような詳細な解説が付されています．こうした註釈から窺い知れるの
は，一見どうということのない日常会話も実は複雑な音のヴァリエーション
から構成されている，という言語観です．たしかにその通りだと思います．
こんな解説が教科書に入っているところに，日本の英語教育のある種のレベ
ルの高さを感じます．ただ，複雑で微細な音のちがいをちゃんと聞き取れな
いから私たちの英会話はいつまでたっても「ぺらぺらレベル」に到達しない
のだ，というところまでいってしまうと，私もちょっと躊躇せざるをえませ
ん．この教科書では，この「ジュ」以外にも「t＋you ガッチュ」「s＋you ミ
ッシュ」といった細かい点に的を絞ることで，いかに英語のスピードについ
ていくか，そのコツを伝授しようとしているのですが，学習者がかえって戸
惑いはしないだろうかとも思ってしまいます．こうした指導に意味がないわ
けではなく，とくに日本語で区別されない［l］と［r］，［b］と［v］といっ
た音の聞き分けはきちんと学習する必要があるのですが，「野ウサギ」を追
いかけることばかりに注意が向くと，もっと大事なことを見逃す危険がある

ように思います．細かな音のちがいにこだわる前に，まず取り組むべきこと
があるのです．

どこを聞くか

　すでに理論編の中でも説明してきたように，英語の音はストレス・アクセ
ントを通して表現されています．音のポイントを聞き取るためにはこのスト
レス・アクセントの運動感覚に慣れることが大事なのです．ところが，日本
語的な音に慣れた私たちの耳は，英語の音を拾う場合にも日本語的な耳の澄
まし方をしてしまいます．結果，肩に力が入るわりに，肝心の部分は聞き取
れないということになりやすい．典型的な「野ウサギをとっ捕まえてやる！」
のリスニングです．

　こうした状態を乗り越えるためには，英語的な「強さ」に慣れ，勘所の部
分をこそ聞き取る必要があります．この章ではそのための練習方法を考えて
みましょう．単純化して示すと，英語の音は次のような「顔」をしています．

強

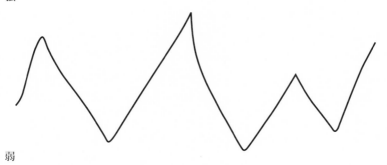

弱

このように英語では強く発音される部分と，弱い部分とがほぼ交互に現れ
ることで音がつくられ，意味が生み出されます．簡単に言えば，英語の音が
耳にひっかかってくるのは，強く聞こえる音と弱く聞こえる音との「差」の
おかげです．この「差」を聞かなければ，英語の音を聞いたとは言えません．
でも，この「差」さえ聞こえれば，ゴールは間近だとも言えます．この図は
そうした事情を「山」のイメージで示しています．

日本語の音に慣れた私たちは，言葉の音を強弱を通してとらえるというやり方を知らないためにぜんぶ聞こうとしてしまうのですが，英語の音はそもそもぜんぶ聞かれるように発音されていません．私たちは弱く発音される音まで必死に追いかける必要はない．まずは山をとらえる．そうすると自然と，その裾野に広がる谷間や盆地も耳に入ってくるという仕組みになっています．

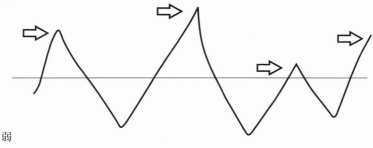

英語の「音の価値観」

　上の図からもわかるように，私たちの耳がとらえなければならないのは矢印で示した頂上のところです．こうしてみると，情報量はそれほど大きくないのがわかるでしょう．ところが英語のスピードについていけないと感じる人は，この山と谷の構造を身につけていないため，相手のしゃべる言葉を，山と谷とを含めてすべて音として追いかけます．そして本質的な部分を取り逃すのです．

　日本語では音の強弱ではなく，高低を通して音に形を与えます．たとえば箸と橋とか，詩と死といった同音に聞こえる語も，「はし」「はし」というふうにその高低の差を通して区別します．これを図で示すと次のようになります．

つまり，「上がり」か「くだり」かを聞くように私たちの耳は訓練されているのです．だから，坂の様子ならきわめて効率的にとらえられる．端から端まで聞かなくても，坂の一部を聞いただけで坂の行方がわかる．英語でも疑問文などでは「上がり」や「下だり」の抑揚が表現されることがありますが，そこは日本語話者でもわりにとらえやすいはずです．

　ところが，そういう耳が強弱の繰り返しに出会うと，「何だ？　何だ？」となる．聞こえないのではない．どこを聞けばいいかわからないのです．音のポイントがわからない．

　また，このこととも関係しますが，私たちはいわゆる「発音」を気にしがちです．いかにもアメリカ的な発音や，クイーンズ・イングリッシュなどを聞くと「ああ，英語だ」と感心したりする．こうした発音への憧れが英語学習の原動力となるのはおおいにけっこうだと思いますが，私たちが「発音」と呼んで珍重しているのはもっぱら「訛り」です．これは実は言語学習において，それほど本質的な要素ではありません．日本語話者が意識すべきは，英語にはあって日本語にはない強勢であり，山と谷の「リズム」です．日本語を母国語として育った人は，そもそも身体が英語的なリズムを知りません．だから，まずはこれにさらされる必要がある．

　東後勝明さんの『英会話のリズムとイントネーション』には次のようなおもしろい実験の例が引用されています．

　　ロンドン大学のある有名な発音の先生が，イギリスの放送局を通じて次のような実験をしました．
　　ある文章の母音をすべて一つの母音に置き換え，それに正しいリズムとイントネーションをつけて読んでみました．例えば I was born in London. ならば［ai wəz bɔːn in Lʌndən］となり，各々の語に含まれる母音は［ai, ə, ɔ, i, ʌ, ə］なのですが，それをすべて一つの母音［ə］に置きかえて読んでみたわけです．
　　そんなことをすればたちまち何を言っているのかわからなくなってしまうのではないかと懸念されましたが，実際には，リズムとイントネーションが正しければ，言ったことの 80% までが放送を聞いている人に

はわかったという結果が出ました.[3]

　つまり，英語では母音の役割はあくまで補助的だということです．極端にいえば，interesting という語を使いたいとき，unteresting と言おうが，enteresting と言おうが，リズムと文脈でたいていは通じてしまうかもしれないということです．

　学校の英語でも「強勢」や「アクセント」という形で私たちは英語のリズムの基本を教わりますが，まだまだその重要さはいくら強調しても足りないと思います．どれくらいみな，真面目に対応しているか．かつての共通一次試験やセンター試験の第一問はたいていアクセントにかかわる問題でしたが，配点が小さいこともあり，あまり重要視しない人がほとんどだったのです．しかし，アクセントの位置を把握し谷と山との差異に注意を向ければ，英語の音はぐっとわかりやすく聞こえてきます．

　また，山をとらえることは理論編でも話題にした強調点の把握につながります．そうすると相手の言葉を聞くときだけではなく，自分が言葉を発するときにも，意味というものが山と谷の差異を通して相手に伝わるのだということがわかってきて，変なところで力をこめたり，強調すべきところを強調し損ねたり，ということもなくなり，効率よくポイントをわかってもらうことができます．

　こうした差異は，読むときや書くときにも意味を持ちます．読むときには，きちんと文章の呼吸にのって谷と山とを感じ取れば，構文をとりちがえたり，文章のポイントを読み損ねることがなくなる．書くときであれば，うまく呼吸にのった書き方をすることで，ポイントがずれたような間の悪い文章を書かなくてすみます．

音を感じる

　ところで，ここまでの話でまだ今一つピンとこないという人もいるでしょう．理論編でも音の身体性のことは強調しましたが，何しろリスニングは「音」にかかわるものなので理屈よりも感覚で感じ取ってもらったほうがい

いことがある．そこで，どのようにこの山と谷が私たちの身体に訴えるかを，あらためて実例を通して実感してもらおうと思います．

　少々聞き取りが難しいものをあえて題材に使ってみます．おそらくほとんどの人にとっては構文を把握することも，意味を理解することも難しいでしょう．というのもこれは400年以上も前の芝居の一節だからです．日本では徳川家康が江戸幕府をひらいた頃です．

　引用はウィリアム・シェイクスピアの悲劇『マクベス』の一節です．第6章でも少しだけ触れた作品です．『マクベス』は黒澤明の映画『蜘蛛巣城』の元ネタともなった芝居ですから，すでにストーリーを知っている人も多いはず．数多くの名作を残したシェイクスピアの代表作であり，さまざまな名文句が散りばめられています．将軍マクベスはスコットランド王ダンカンに仕えていましたが，あるとき奥さんにそそのかされたこともあって邪心をいだくようになります．そして謀反を企て，王を殺害してしまうのです．マクベスはダンカンにかわって自ら王となります．しかし，ここからがこの芝居の本領発揮です．王を殺してその地位を奪ったのはいいけれど，マクベス夫妻は罪悪感のために次第に精神に失調をきたします．マクベス夫人は，強迫性障害の人によく見られるように「いくら手を洗っても血が落ちない」などということを言い出します．マクベスも心が乱れ，国の統治もままならない．やがて反乱軍が決起し，次第に二人は追い詰められます．

　そんな中でマクベスのもとにマクベス夫人が亡くなったという報せが届きます．すでにおかしくなりつつあったマクベスは，この報せを耳にすると，かえって達観したような，人生の儚さを嘆くようなセリフを吐く．それが引用部分です（*Macbeth*, 5.5.17-28）.

🅐 ﹚24

To-morrow, and to-morrow, and to-morrow,
Creeps in this petty pace from day to day,
To the last syllable of recorded time,
And all our yesterdays have lighted fools

The way to dusty death. Out, out, brief candle,

Life's but a walking shadow, a poor player

That struts and frets his hour upon the stage,

And then is heard no more. It is a tale

Told by an idiot, full of sound and fury,

Signifying nothing.

参考までに大場建治さんによる日本語訳も載せておきます.

[訳]
明日_{あした}，明日，明日，
時は小きざみな足どりで一日一日を這うように，
時の記録の終の一語にたどり着く.
昨日_{きのう}という昨日は，阿呆のために，塵に返る死への道を
照らしてきたひと筋の光. 消えろ，消えろ，束の間のともしび，
人生は歩き回る影法師，あわれな役者，
舞台の出のあいだだけ大威張りでわめき散らすが，
幕が下りれば沈黙の闇. たかが白痴の語る
一場の物語だ，怒号と狂乱にあふれていても，
意味などなにひとつありはしない.

(大場建治訳)[4]

　これらに目を通してもらったうえで，あらためて朗読の音声を聞いてください. どうでしょう. おそらく音だけ聞いてもなかなか意味をとるのは難しいでしょう. 有名な tomorrow, and tomorrow, and tomorrow のところは耳に入ってきても，それ以外は素通りしてしまうかもしれません. 言っている内容も微妙だし，レトリックも凝っている. イギリスではこの一節はよく学校で暗唱させられるようで，大人になってから酔っ払った人が急にそれを想い出して口ずさむこともあるそうです. 私もそういう場に居合わせたことがありますが，果たしてそういう人たちがどれくらい意味がわかって暗唱しているかはわかりません.

ただ，朗読を聞いてみて，何となく心地良い，何となくノリがいいように思った人もいるかもしれない．あるいははじめにそう感じなかったとしても，もう一度聞くと何かを感じるかもしれません．もしそうなら，英語のリズムと身体が出会ったということです．むしろ意味がわからないくらいのほうが，音の力が強く感じられるかもしれません．

　理論編から読んでくださった方にはもうおわかりでしょうが，この一節にはちょっとしたからくりがあります．以下を見ると，なぜこの一節が心地良く響くのか，その仕掛けがわかります．

⊕ •)) 24

To-mórrow, and to-mórrow, and to-mórrow,
Créeps in this pétty páce from dáy to dáy,
To the lást sýllable of recórded tíme,
And áll our yésterdáys have líghted fóols
The wáy to dústy déath. Óut, óut, brief candle,
Lífe's but a wálking shádow, a póor pláyer
That strúts and fréts his hóur upon the stáge,
And thén is héard no móre. It ís a tále
Tóld by an ídiot, fúll of sóund and fúry,
Sígnifying nóthing.

「ノ」の印をつけたのは先ほど説明した「山」にあたる部分，つまり強勢のある箇所です．山と谷がほぼ等間隔できているのがわかるでしょう．強と弱とがほぼ定期的に入れ替わっているのです．

　この部分は「弱強歩格」（iamb）という英詩の韻律法に則って書かれています．途中，「弱強」のパターンから逸脱する箇所もそれなりにあるのですが，この逸脱がかえって土台にある iamb のリズムを強化しているとも言われます．第3章でも説明したように，「弱強」の韻律では弱い音節と強い音

節がほぼ規則的に入れ替わります．英詩の約7割がこの韻律法で書かれているそうですが，それはこのように「弱」と「強」とが一定の間隔で訪れるリズムが，英語の日常会話のリズムとかなり似ているからだと考えられています．英語のリズムは山と谷でつくられるということはすでに確認しましたが，それが等間隔で現れると，聞いているほうは何となくそこに雄弁さや力強さ，流麗さを聞き取ってしまうようです．

　私たちは別に詩を書くわけではないので，この「弱強歩格」のリズムにそれほどこだわらなくてもいいのですが，少なくとも山と谷のリズムがことさら強調されるとどのように響くかを体験するのは無駄にはならないと思います．以下に別の作品からの例をいくつかあげてみましょう．

　一つ目はよく知られた童謡「めぇめぇ黒羊さん」（"Baa, baa, black sheep"）です．この詩では1行に「強」が2回ありますが，「弱」の数が二つとは限りません．また「弱強」というパターンにもなってはいませんが，「強」と「弱」のコンビネーションでリズムが作られているのはわかると思います．ご存じのようにこの詩はしばしばメロディーをつけて歌われます．

◉ �))25

Baa, baa, black sheep,
Have you any wool?
Yes, sir, yes, sir,
Three bags full;
One for the master,
And one for the dame,
And one for the little boy
Who lives down the lane.

[訳]
メェメェ，黒羊さん

羊の毛，ある？

はいはい，もちろん，ありますよ

三つの袋が一杯ね

一つは御主人のもの

一つは奥様のもの

一つは小さな男の子のもの

通りの先の男の子のもの

以下，「山」にあたる部分，つまり強勢のある箇所を「ˊ」の印で示しました．

Báa, baa, bláck sheep,

Háve you any wóol?

Yés, sir, yés, sir,

Thrée bags fúll;

Óne for the máster,

And óne for the dáme,

And óne for the líttle boy

Who líves down the láne.

このように童謡では，強勢の数が一定で弱音節の数は行ごとに変動するパターンになっていることが多いです．これはいわゆる強勢詩（アクセンチュアル・ヴァース）の韻律法で，このほうが弱強五歩格などのリズムより土着的で，日常会話のリズムに近いのだという意見もあるようですが，山と谷でリズムが刻まれるという点では両者は共通しています．

　次にあげるのはロマン派の詩人パーシー・ビッシュ・シェリー（1792-1822年）の「西風に寄せるオード」（"Ode To The West Wind"）という作品の冒頭部です．この詩では秋になって西風が吹き始める様を，まるで死神の訪れのように荘厳さとともに描いているのですが，その迫力を表現するのに「弱」と

「強」が入れ替わるリズムがおおいに生かされています.

⏎))26

O wild West Wind, thou breath of Autumn's being,
Thou, from whose unseen presence the leaves dead
Are driven, like ghosts from an enchanter fleeing,

Yellow, and black, and pale, and hectic red,
Pestilence-stricken multitudes: O thou
Who chariotest to their dark wintry bed

The wingèd seeds, where they lie cold and low,
Each like a corpse within its grave, ...

[訳]

荒れ狂う西風よ！ 迸り出る秋の息吹よ！
枯葉の群れが，今，見えざるお前の傍から吹きまくられ，
妖魔から逃げ惑う亡霊のように飛び散ってゆく，──

そうだ，黄色く，黒く，蒼白く，或いは不気味な赤味を帯びて，
あたかも瘴癘に苦しむ者の群れのような，枯葉の群が！
お前に翼をもった種子が暗い冬の寝床へと追いやられ，

そこで，凍え，地中深く眠ろうとしている，まさに，
墓場の下で眠る死骸のようにだ！

(平井正穂訳)[5]

以下で「ヽ」の印をつけたのは先ほど説明した「山」にあたる部分，つまり強勢のある箇所です．ただ，朗読の音声を聞いていただければわかるように，強と弱の入れ替わりは，それほど機械的に守られているわけではありません

し，読む人の詩行の解釈に合わせて臨機応変に調整されることもあります．また一つ一つの「強」の強さにもヴァリエーションがあります．にもかかわらず，山と谷のリズムが響くのがおもしろいところです．

♨ ♪) 26

O wíld Wést Wínd, thou bréath of Áutumn's béing,
Thóu, from whose únseen présence the léaves déad
Are dríven, like ghósts from án enchánter fléeing,

Yéllow, and bláck, and pále, and héctic réd,
Péstilence-stricken múltitudes: Ó thóu
Who chariotést to their dárk wíntry béd

The wíngèd séeds, where théy lie cóld and lów,
Eách like a córpse within its gráve, ...

最後にあげるのはシェイクスピアの『ソネット集』の作品 18 番（"Sonnet 18"）です．ソネット集はかなり自伝的な要素が強いとも言われていますが，154 篇のおよそ三分の二で，詩人は若く美しい青年への讃辞や愛情などを熱をこめて語っています．この 18 番はその中でももっとも流麗なものの一つと言われていて，たしかに青年を褒めそやす言葉にはレトリックの限りが尽くされています．そしてここでも「弱」と「強」のパターンが，たまに逸脱を含みながらもかなり規則的に繰り返されることで，流れるような言葉の美しさを表現しています．

♨ ♪) 27

Shall I compare thee to a summer's day?

Thou art more lovely and more temperate:

Rough winds do shake the darling buds of May,

And summer's lease hath all too short a date:

Sometime too hot the eye of heaven shines,

And often is his gold complexion dimm'd;

And every fair from fair sometime declines,

By chance, or nature's changing course, untrimm'd;

But thy eternal summer shall not fade

Nor lose possession of that fair thou ow'st;

Nor shall Death brag thou wander'st in his shade,

When in eternal lines to time thou grow'st;

   So long as men can breathe or eyes can see,

   So long lives this, and this gives life to thee.

[訳]

あなたを夏の日にたとえようか？
いや　あなたはもっと美しく　穏やかだ.
五月の愛くるしい蕾も　手荒な風に揺すられるし
夏の期限はあまりに早く訪れるもの
天の目たる太陽も　時には灼熱の暑さで照らすし
黄金の表が翳ることはしばしば
美しいものは　いずれは美しさを失うもの
偶然や自然の推移に汚されて
でも　あなたが永遠の詩行のなかで永遠の時へと成熟したならば
あなたの永遠の夏は決して色あせることはない
あなたの美しさの所有権を失うこともないし
死があなたを虜にしたと触れ回ることもない
人が呼吸し　人々の目がものを見る力を失わない限り
この詩は生き　あなたに命を与え続ける

（高松雄一訳）⁶

強勢があるのはだいたい次の箇所になります.

🔊 ・)) 27

Shall Í compáre thee tó a súmmer's dáy?
Thou árt more lóvely ánd more témperáte:
Rough wínds do sháke the dárling búds of Máy,
And súmmer's léase hath áll too shórt a dáte:
Sometíme too hót the eýe of héaven shínes,
And óften ís his góld compléxion dímm'd;
And évery fáir from fáir sometíme declínes,
By chánce, or náture's chánging córse, untrímm'd;
But thý etérnal súmmer sháll not fáde
Nor lóse posséssion óf that fáir thou ów'st;
Nor sháll Déath brág thou wánder'st ín his sháde,
When ín etérnal línes to tíme thou grów'st;
　So lóng as mén can bréathe or eýes can sée,
　So lóng lives thís, and thís gives lífe to thée.

まずは単語の「山」から

　続いて，より一般的な英語の山の話に移りましょう.
　山をとらえるために私たちがまずしなければならない当たり前のことは，単語を覚えるときにそのアクセントを，長短母音の区別なども含めてしっかりと身につけるということです. 私たちは知らない単語と出会ったときに辞書を引きます. あるいは単語帳でまとめて覚えるという人もいるかもしれません. 本文への注釈に語義があって，それを覚えるということもあるでしょう. しかし，そういうとき，私たちは往々にしていわゆる単語のスペリング

と語義だけに目がいきます．両者を頭の中で結びつけることで，「単語を覚えた」と考える．私自身もそうでした．しかし，語というものは「意味」だけで完結するわけではありません．必ず音がある．いや，音こそが優先されるべきなのです．

たとえば次の単語は「見た目」はけっこう似ていますが，きちんと正しいアクセントで，長母音，短母音を区別して口にすると似ても似つかない「形」を持つことがわかります．

　　lúdicrous　　こっけいな，おどけた
　　ridículous　　ばかげた，とんでもない

この二つの単語は意味も近いので，どうしてわざわざ二つの語があるのだろうと思う人もいるかもしれませんが，こうして音を比べると，この二語がまったく「赤の他人」だということがわかるでしょう．

あるいは vomit と permit は形が似ていて，アクセントを無視して読むと下手をすると混同してしまいますが，適切にストレスをおいて読むと，同じく赤の他人であることが明瞭になります．

　　vómit　　　　吐く
　　permít　　　　許す

英語のスペリングが今のような形に落ち着き始めるのは 18 世紀のことです．近代以前は，そもそも文字が紙に書かれることもそれほど頻繁ではありませんでした．16 世紀から 17 世紀にかけて印刷術が普及し始めたことで，にわかにスペリングをどうやって決めるかが課題として浮上したのです．しかし，この時点で単語のスペリングはまちまちでした．音をもとに決めるにしても，地方によって発音に訛りがあって，それを表記すると必然的にずれが生じてしまう．

そこで古くからある慣習的な綴りを採用し，ともかく言語の体系を安定させるという方針が示されるようになります．代表的な例がサミュエル・ジョ

ンソンの『英語辞典』（1755 年）です．ご存知のように英語のスペリングは実際の発音とかなりかけ離れているように思えることもありますが，ともかく一つの ID としてスペリングを決めてしまうことで，英語がシステムとして安定することになります．今のような英語の試験が可能なのも語によってスペリングが決まっているからです．

　しかし，これはほんの 200 ～ 300 年前のことです．言語はそれ以前の長い長いオーラルの歴史を背負っています．たとえそれが書かれた言葉であっても，どこかで音が響いている．だから，私たちは言葉の表情をとらえるにあたってその音，とくにストレス・アクセントを抜きにして考えることはできないのです．

　そういうわけなので，単語を辞書で引いたときや，単語帳などで覚えるときは，まず自分でアクセントを口にしながら，その音の表情を優先的に覚えたい．先ほども言ったように，beautiful という単語であれば，まずは〈**タン**，タ，タン〉というリズムが最初に思い浮かぶくらいになるといい．interesting であれば，〈**タン**・タ，タ・タン〉．こうしたリズムの表情が単語と密接に結びついていれば，たとえば音がそれほど明瞭に耳に入ってこない場合でも，〈**タン**・タ，タ・タン〉というリズムだけで文脈から interesting と相手が言ったのだ，とわかります．たとえばこちらが「こんなことがありましてねえ」と言ったときに，相手がにこやかに〈**タン**・タ，タ・タン〉と返してきた場合には，interesting! と返している可能性がけっこう高い．

　ついでに付け加えればこれも理論編の第 6 章で触れたことですが，英語では日本語に比べるとかなり子音を強く言うということは意識してもいいでしょう．同じヨーロッパでもスペイン語やフランス語はそれほどでもない．英語のリズムの基礎は子音の言い分けからはじまると考えてもいいくらいです．日本語では子音を強くいうと唾がとんだりして下品だと思われることがありますが，英語ではむしろ唾が飛ぶくらい強く言っていいのです．

　次のような単語は子音の練習にちょうどいいものです．音声も用意しましたので活用していただければと思います（**◎•)) 28**はアメリカ英語，**◎•)) 29**はイギリス英語）．

tea   pepper   paul   ball   bull   full

feature   car

「山」をとらえる練習

　次に，「山」の部分を耳にひっかけるための練習の説明をします．作業としては，スクリプトを見ながら音声を聞き，どこが強く聞こえるか，耳に残るか，その部分に印をつけるといった方法が考えられます．

　まずはおとぎ話二つの出だしです．「シンデレラ」（"Cinderella"）ではシンデレラの不幸な境遇が語られます．[7]

Once upon a time... there lived an unhappy young girl. Unhappy she was, for her mother was dead, her father had married another woman, a widow with two daughters, and her stepmother didn't like her one little bit.

All the nice things, kind thoughts and loving touches were for her own daughters. And not just the kind thoughts and love, but also dresses, shoes, shawls, delicious food, comfy beds, as well as every home comfort. All this was laid on for her daughters. But, for the poor unhappy girl, there was nothing at all. No dresses, only her stepsisters' hand-me-downs. No lovely dishes, nothing but scraps. No nice rests and comfort. For she had to work hard all day, and only when evening came was she allowed to sit for a while by the fire, near the cinders. That is how she got her nickname, for everybody called her Cinderella. Cinderella used to spend long hours all alone talking to the cat. The cat said,

"Miaow", which really meant, "Cheer up! You have something neither of your stepsisters have and that is beauty."

[訳]
昔々あるところに，不幸な娘がおりました．彼女が不幸だったのは，お母さんが亡くなって，お父さんがすでに二人の娘がいる別の未亡人女性と結婚したからです．継母となった女性は，この娘にはまったく愛情を注ぎませんでした．

物をあげたり，やさしくしたり，なでてあげたりするのは，自分の娘たちだけ．やさしさや愛だけでなく，洋服も靴もショールもごちそうもふかふかのいいベッドも，およそ心地良いものすべてを，継母は自分の子どもだけに与えたのです．可哀想な娘は何ももらえませんでした．服もなし．ぜんぶ継母の子のおさがりだけです．おいしいご飯もなし．残飯だけです．ゆっくり心地良く休む間もありません．一日働いて，夜になってやっと暖炉のそば，灰のわきでひと息つけるだけです．彼女のあだ名はこうしてつけられました．みんな彼女のことをシンデレラ（「シンダー」は灰）と呼んだのです．シンデレラはひとりでずっと猫と話したものでした．猫は言いました．

「ニャオ」．その意味はこういうことでした．「元気出しなよ！　キミにはお姉さんたちにはないものがあるじゃないか．キミは美しいのだよ」

　ここではシンデレラがいかに不幸であるかが強調されているので，さまざまな不幸を列挙しながらもその極端さが聞こえるような形になっています．以下のようなところが強く聞こえそうです．アクセントがくるところに「ヽ」の印をつけ，それにともなって全体として強調される単語を太字で示しました．これもあくまで例で，読む人によって変動はありえます．とりあえず大

事なのは，そうしたメリハリに耳を傾ける習慣をつけることです．

Önce upon a tíme... there líved an **unháppy yóung gírl**. Unháppy shé was, for her **móther** was **déad**, her fáther had márried **anóther wóman**, a wídow with **twó dáughters**, and her stépmother dídn't líke her **óne líttle bít**.

Áll the níce thíngs, kínd thóughts and lóving tóuches were for **her ówn dáughters**. And nót júst the kínd thóughts and lóve, but also drésses, shóes, sháwls, delícious fóod, cómfy béds, as well as évery hóme cómfort. Áll thís was láid on for **hér** dáughters. But, for the **póor unháppy gírl**, there was **nóthing at áll**. Nó drésses, ónly her stépsisters' hánd-me-dówns. Nó lóvely díshes, nóthing but scráps. Nó níce résts and cómfort. For shé had to **wórk hárd** all dáy, and ónly when évening cáme was she allówed to sít for a whíle by the fíre, near the cínders. Thát is hów she gót her **níckname**, for éverybody cálled her **Cínderella**. Cínderella used to spénd **long hóurs** all alóne tálking to the **cát**. The cát said,

"Míaow", which réally méant, "**Chéer up! Yóu** have **sómething** néither of your stépsisters háve and **thát is béauty**."

次は「眠れる森の美女」（"Sleeping Beauty"）です．こちらも子宝にめぐまれない夫婦の不幸から話が始まりますが，カエルのお告げ通り，二人は子どもをさずかる，という冒頭部分です．[8]

A long time ago there were a king and queen who were unhappy because they were childless. But it happened that once when the queen was bathing, a frog crept out of the water on to the land, and said to her, "Your wish shall be fulfilled, before a year has gone by, you shall have a daughter."

What the frog had said came true, and the queen had a little girl who was so pretty that the king could not contain himself for joy, and ordered a great feast. He invited not only his kindred, friends and acquaintances, but also the wise women, in order that they might be kind and well disposed towards the child. There were thirteen of them in his kingdom, but, as he had only twelve golden plates for them to eat out of, one of them had to be left at home.

The feast was held with all manner of splendor and when it came to an end the wise women bestowed their magic gifts upon the baby—one gave virtue, another beauty, a third riches, and so on with everything in the world that one can wish for.

[訳]
昔々あるところに王さまとお后さまがおられました．お二人にはなかなか子どもができず，つらい思いをしておられました．するとある日のこと，お后さまが水浴びをしていると，カエルが水からあがってきて，彼女に言いました．「願いは叶いますよ．1年のうちに，女の子を授かります」

カエルの言葉は実現しました．お后さまには女の子が生まれます．あまりに美しい子だったので王さまは嬉しさのあまり居ても立ってもいられず，

盛大なお祝いの宴を開くことにしました．親類や友人知人だけでなく，魔女たちも招待しました．子どもにやさしくし，暖かく見守ってもらいたいと思ったからです．この国には 13 人の魔女がおりましたが，食事を摂るための黄金の皿は 12 枚しかなかったので，一人は呼ばれませんでした．

宴は盛大に行われました．宴が終わると，魔女たちは魔法の贈り物を赤ん坊に与えました．徳，美，冨など，およそこの世で望ましいものがすべて贈られたのです．

「シンデレラ」とは対照的にこの部分では，いかに子どもがかわいらしかったかに重きがおかれていますが，ひたすら極端さが強調されているという点では同じです．実際に強く聞こえる「山」はだいたい次のようなところではないでしょうか（アクセントがくるところには「ˊ」の印，強調される単語は太字で示しました）．

🎧))) 31

A lóng tíme agó there were a **kíng** and **qúeen** who were **unháppy** because they were **chíldless**. Bút it **háppened** that **ónce** when the qúeen was báthing, a **fróg** crépt out of the wáter on to the lánd, and sáid to her, "Your **wísh** shall be fulfílled, before a **yéar** has góne by, yóu shall have a **dáughter**."

Whát the fróg had said **cáme trúe**, and the qúeen had a **little gírl** who was **só prétty** thát the kíng could not contáin hímself for **jóy**, and órdered a gréat féast. He invíted not ónly his kíndred, friénds and acquáintances, but also the **wíse wómen**, in órder that they might be **kínd** and **wéll dispósed** towards the chíld. There were **thirtéen** of them in his kíngdom, but, as he had only **twélve gólden plátes** for them to éat out of, óne of them had to be **léft at hóme**.

The féast was héld with **áll mánner of spléndor** and when it cáme to an énd the wíse wómen bestówed their **mágic gífts** upon the báby—óne gave **vírtue**, anóther **béauty**, a thírd **ríches**, and so ón with **éverything** in the wórld that óne can wísh for.

というわけで，ここでは音声とスクリプトを使った練習の説明をしました．必ずしもスクリプトは必要ありません．音を聞きながら，耳で山の部分を追う練習をすることに意味があるのです．とくに，聞いてみて「ちょっと難しいな」という程度の音声を，背伸びをするぐらいのつもりで聞くのがよい練習になりそうです．聞き取りにくいものを，山だけに意識を集中して聞いてみると，案外，残りの部分も含めて音がつかまえられるようになってきます．また，難しめの音声も，何度か聞いているうちに，聞こえてくる．はじめはわからないと思ったものが，だんだんとわかるようになるプロセスは楽しいものです．

第 8 章の
ポイント

- [ ] **ストレス・アクセントの構造**
- [ ] **日本語の高低アクセントとの違い**
- [ ] **英語の骨格とは**
- [ ] **山を聞く練習**

第9章 切れ目をとらえる
優先順位とニュアンス

「切れ目」をとらえるために

　ストレス・アクセントが聞けるようになると，耳はさまざまなレベルの英語の「切れ目」に敏感になります．この切れ目は時間的な「間」として聞こえることもありますし，強弱や抑揚の「差」と感じられることもありますが，いずれにしても重要なのは，これがあくまで心理的な差異であり，必ずしも物理的なものとは限らないということです．

　英語の土台をなすリズムや呼吸は，この切れ目によって作られていますから，そのとらえ方を頭と身体の両方で覚えれば単語や語句などの知識も頭に入ってきやすくなりますし，構文などの仕組みにもより自然に対応できるようになります．もはや「とっ捕まえてやる」と野ウサギを追い回す必要もなくなり，自然とウサギのほうから囲いの中に入ってきてくれるようになるでしょう．そもそも私たちが単語や熟語を覚えたり，文法の勉強をしたりするのも，「切れ目」を正しくとらえるためなのです．切れ目がわかれば構造が見えてくるし，読み，書く力もより早く上達する．口頭で相手に意図を伝えるのもうまくなります．

　そのあたりの事情を具体的に確認してみよう．たとえば次の例文は2014年のセンター試験・英語に出題された討議の一節です．状況を確認するために，まずは少し長めに引用しておきます．

Moderator: The title of today's discussion is "Superstitions—what they are, and why people believe in them." Our guest speakers are

Joseph Grant, a university professor who lives here in Japan, and Lily Nelson, a visiting professor from Canada. Joseph, can you explain what a superstition is?

Joseph: Superstitions are beliefs for which there is no obvious rational basis. For example, there are various dates and numbers that people are superstitious about. In many places, "Friday the 13th" is thought to be unlucky, and here in Japan, 4 and 9 are also considered unlucky. In contrast, 7 is known as "Lucky 7." <u>A superstitious person believes that actions such as choosing or avoiding certain numbers can influence future events even though there is no direct connection between them.</u> Believing in superstitions is one of the ways humans can make sense of a set of unusual events which cause someone to feel lucky or unlucky. This seems to have been true throughout history, regardless of race or cultural background.

[訳]

司会：本日の討議のタイトルはこちらです．「さまざまな迷信――迷信とは何か．人はなぜ迷信を信じるのか」．ゲストスピーカーは日本在住の大学教授であるジョセフ・グラントさんと，カナダのご出身で客員教授をしておられるリリー・ネルソンさんのお二人です．ジョセフさん，迷信について説明してくださいますか？

ジョセフ：迷信とは，明確な道理にかなった根拠のない，俗信のことです．たとえば，日付や数字にも迷信がつきまとうものが多くあります．「13日の金曜日」が不吉とされる地域は多くあるし，日本では4や9といった数字も不吉とされます．対照的に，7は「幸運の7」として知られます．<u>迷信的な人は，どの番号を選ぶか，あるいはどの番号を避けるかといった行動が，未来の出来事に，たとえ直接的には何も関係なくても影響を与えると信じています</u>．ふつうではないようなことが続けて起きて，自分は不運だとか幸運だとか思ったときには，迷信のせいにすることで気持ちの整理がつきます．これは昔からあったことで，人種や文化を問わず見られます．

ここで話題になっているのは「迷信」(superstition)です．今，素材として

使いたいのは下線を引いた部分です.

A superstitious person believes that actions such as choosing or avoiding certain numbers can influence future events even though there is no direct connection between them.

迷信とはどのようなものかが説明されています. 短い文ですが, 小さいスペースに情報を詰め込んであるので, 構文的にはそれなりに複雑で, 文法的な知識を持っていないと意味をとりちがえる可能性があるでしょう. とりわけ, 文脈から切り離してこの部分だけ読むとわかりにくいかもしれません. そこで音声を聞いてみるとどうでしょう.

🎧 ♪) 32

A superstitious person believes that actions such as choosing or avoiding certain numbers can influence future events even though there is no direct connection between them.

読んでわかりにくかった部分も, 耳で聞くと案外整理されて聞こえるのではないでしょうか. ためしに上記の英文のどの部分に切れ目が入っているか, 斜線を入れるとどうでしょう. だいたい以下のような箇所に斜線「/」が入れられるのではないでしょうか.

🎧 ♪) 32

A superstitious person believes / that actions / such as choosing or avoiding certain numbers / can influence future events / even though there is no direct connection between them.

文の構造がすっきりと整理されたと感じるのはこの切れ目のおかげです．なぜなら，切れ目のおかげで，言葉がどうカタマリをつくっているかが見えるからです．通常，言葉を学習するときには，私たちは文（sentence）というユニットを基本に考えます．この文がいくつか連なってできるのが段落（paragraph）．逆に文に含まれるより小さな単位に，節（clause　主語と動詞がある）や句（phrase　名詞句，副詞句，形容詞句など．それぞれ名詞，副詞，形容詞などの役割を果たすカタマリ）があります．

　今，例として見ている文には，that に導かれる節，even though に導かれる節があり，また that 節の中に such as で導かれる同格的な名詞句も挿入されています．音声の間や調子などの変化を通して切れ目が入ると，文がどのような構成要素からできあがっているかが明確になります．これらの構成要素一つ一つの意味がぜんぶわかればそれに越したことはありません．

聞こえすぎると聞き取れない？

　しかし，ここで注意しなければいけないことがあります．リスニングがうまくいかないのは，そもそも音が聞き取れないためだと多くの人は思っています．実際，初学者の場合はそういうこともある．しかし，ある程度英語に馴染み，しっかり勉強もしている人がうまく聞き取れないというときには，逆の理由でリスニングが失敗していることもあるのです．

　その逆の理由とは，**音が聞こえすぎる**ということです．音や言葉は耳に入ってくる．しかし，それらの音声情報があまりに大量であるために，まさに殺到してくると感じられる．そのため，いったい何がどうなっているのかがわからなくなり，「聞き取れない」と感じてしまうのです．英語のスピードについていけない，間に合わないと思っている人には，このケースがあてはまることがあります．

　音が聞こえすぎてかえって聞き取れないというのは不思議ですが，考えてみれば日本語でも私たちはすべての音，すべての言葉をいちいち聞き取っているわけではありません．音の骨格となる部分をとらえたうえで，その中でどのポイントに焦点があたっているかを察知し，情報を得ているのです．も

しあらゆる情報が同じくらいの重要さでこちらに迫ってきたとしたら，おそらく私たちはそれを受け止めることができなくて，「スピードについていけない」と思うことでしょう．実際，自分に馴染みのない状況で交わされる会話については，そのようなことが起きやすい．私も，中学生たちが喫茶店などで交わす会話の内容は，スピードが速すぎて聞き取れないと感じることがありますが，これは会話の背景に馴染みがなく，そのせいですべての情報が同じ重さとともにこちらに迫ってくるためでしょう．

　実は切れ目＝差異が入ることの最大の利点は，ここにあります．抑揚などの変化で切れ目が感じとれれば，**情報の優先順位が明確になる**のです．この「優先順位」を学習することは，単にリスニング上達の第一歩となるだけでなく，ひいては文章を読んだり書いたりするとき，そしてもちろん英語をしゃべったりするときにもきわめて大事です．

　日常的な例で説明しましょう．たとえば旅支度のことを考えればいい．私もときに国内・国外に出張しなければならない用件が生ずることがあります．出張でたいへんなのは事前準備です．出発が迫ってくるにしたがって「あれもしなければならない！　これも！」とパニックになる．そんなとき，旅慣れた人はどうするか．当たり前のように聞こえるかもしれませんが，まず**大事なものから準備する**．パスポート，ビザは海外出張なら必須です．身の回りのものにしても，まずは会議で着用するスーツ一式を揃える．下着や洗面用具はいざとなれば現地で調達すればいい．

　ところが，この**いざとなれば何とかなる**という考え方が，意外に難しい．そのため，下着は何枚いるだろうとか，飛行機の中で息抜きに読む本は何を持って行こうなどと一生懸命頭を悩ませているうちに，肝心の会議資料を忘れてしまったりするのです．より重い例をあげれば，たとえば地震や火事など災害の際にどういう行動をとればいいか．何より大事なのはもちろん命です．まずは身を守る．ではその次は？　預金通帳か？　衣類か？　水？　それとも家の鍵？　状況によって多少の変動はあるでしょうが，家から飛び出すときにテレビのリモコンやシャンプーを持って逃げても意味がないということは誰でもわかります．そんなものは，**いざとなればどうとでもなる**からです．

優先順位でとらえる

　あまりに単純なことでいちいち考えもしないこの「いざとなればどうとでもなる」という発想が，英語学習でも大切です．ただ，英語では，日本語を使うときとは優先事項の現れ方が違います．これが学習者にとってはハードルとなります．

　英語を使うときに何と言っても大事なのは何か．ご存じのように構文の柱になるのはまずは「主語」と「動詞」です．この二つの優先順位が高い．逆にいうと，主語と動詞以外の要素については，「いざとなればどうとでもなる」の心持ちでいてもいい．もちろん，これは主語動詞以外の要素がどうでもいいという意味ではありません．実際の運用では，形容詞や副詞節に力点があるといったことも当然起きえます．ただ，英語の構文ではまずは主語動詞が骨格となるということを理解しておくと，構文的に優先順位の低い部分の果たす役割も頭に入ってきやすくなります．

　だから，英語を聞いたり読んだりするためには，中心となる主語や動詞がいつ出てくるかを把握する訓練をしたい．いや，それだけではありません．しゃべるときや書くときにも，同じプロセスが必要になります．聞き手や読み手に対して，どれがメインの主語動詞かが伝わるように言葉を組み立てなければ，意味は相手に伝わりません．英語を使い慣れるとは，聞いたり読んだりしたことを通して習得した意味伝達の仕組みを，自分がしゃべったり書いたりする際にも生かすということです．そのときに活用すべきなのが，切れ目＝差異です．

　先ほどの例文に戻って確認してみましょう．斜線で区切られた箇所のどこが重要な部分として読まれているか，ランク付けしてみたい．

☞ ») 32

A superstitious person believes / that actions / such as choosing

or avoiding certain numbers / can influence future events / even
though there is no direct connection between them.

どうでしょう．こちらの頭に残る優先順位は，次のような下線部の太さの違いとして示せるのではないでしょうか（優先順位は三重線＞二重線＞一重線）．

⊚ ») 32

A superstitious person believes / that actions / such as choosing /
or avoiding certain numbers / can influence future events / even
though there is no direct connection between them.

つまり，A superstitious person believes というメインの主語・動詞のところは構文の骨組みとしては重要ですが，文章の流れの中ではすでに迷信が話題になっていることはわかっているので，むしろ that actions / ... / can influence future events の部分のほうがポイントになっていることが聞き取れます．これに対し such as choosing or avoiding certain numbers / ... / even though there is no direct connection / between them. はあくまで例示や留保ですが，流れの中では話題の中心になっているので，それなりの優先順位を与えられているように感じられます．

　このように優先順位をとらえる訓練を重ねると，自然と言葉の中で大事なところが**耳にひっかかる**ようになってきます．私たちは使い慣れた母語では，当たり前のようにこの「耳にひっかける」ということを行っています．自分にとって重要な情報，必要な情報を効率的にとらえるように耳と頭が馴らされているのです．英語をある程度耳にしながら意味をとる練習をしているうちにこの「慣れ」が起きますが，その時間がないという人は，この目的に特化した練習をするといいでしょう．

シャーロック・ホームズの想像力

　ところで今の例文は「迷信」について話し合う場での発言で，この部分は「迷信とはどんなものか」ということが話題になっているので，優先順位も今のようになっていました．しかし，少し頭を柔軟に働かせれば，これとは異なる背景を想像することもできるでしょう．たとえば，これがシャーロック・ホームズの登場する探偵小説の一節だったらどうでしょう．殺人事件の犯人が現場に妙な数字を残した．そこからホームズは推理する．この犯人には「迷信的なところがある！」と．そのホームズの説明がこの文だとする．

　その場合，この一節は次のような優先順位とともに読まれることになるかもしれません．

🎧 ») 33

A superstitious person believes / that actions / such as choosing / or avoiding certain numbers / can influence future events / even though there is no direct connection between them.

　たとえ構文形式に伴う優先順位がはじめから決まっていても，文脈に応じて優先度が変わる可能性は残されています．この優先度は書かれた文章を読んだだけでもわかりますが――少なくとも適切な文章というものはそのように書かれているべきでしょう――音読はこの優先度をより明確にすることができます．

　これを敷衍させれば，次のようなことが言えます．書かれた言葉は情報を安定的に正確に伝えるのには最適です．耳で聞いた言葉は聞き違えたり，聞き逃したりすることも多い．しかし，**ポイントを確実に伝えるのは音声情報のほうが適している**のです．だから，リスニングの訓練を通してのほうが，英語ではどのようにポイントが伝えられるかということを学びやすいのです．

それは比喩的にも，そして物理的にも，「呼吸」に慣れることが可能だからです．そして，これを応用して書かれたものを読めば，たとえ大量の情報が殺到しているように見える文章であっても，内在化された呼吸——とくに「切れ目＝差異」——を通して，より的確にポイントをとらえることができるようになります．

第一ステップ——時間構文の例

では実際にはどのような練習をすればいいでしょう．二段階のステップが考えられます．

まず第一ステップから見ていきます．次の①は構文の習得とからめたごく初歩的な練習です．基礎となる大事なステップですが，「これを使ったから読めた」とか「これのおかげで書けた」という達成感を感じにくいので，無理に時間をかけず，あとで「ああ，そういえばあんなことも言われたなあ」と思い出す程度でよさそうです．

①スクリプトを見ながら音声を聞き，切れ目を確認してみます．

When I came home, father was watching TV.

🅐))) 34

▶ ［解答例］

②次にもう少し微妙な差異の聞き取りを練習してみましょう．上記の文は，二種類の読み方が可能です．音読の二つの読み方を比較し，それぞれの力点の違いを聞き取るという練習をしてみます．切れ目の生かし方次第で，正反対のコンテクストとニュアンスを伝えられる可能性があります．

When I came home, father was watching TV.

🅐))) 34, 35

〈すご父版〉（＝⚙ ⑴ 34）

今日は母が料理当番なのに，いつの間にか父が料理を作ってあってびっくり．家に帰ってきたときは，父はテレビを観ていて，料理をするそぶりなど見せていなかったが，その後，いつの間にか作ったらしい．(father... の前に間がなく，語り手はその時点では「父のテレビ視聴」に何の疑念も抱いていなかった．ところが驚いたことにテレビを観ていたとばかり思っていた父が，いつの間にかしっかり夕食を作っていた！）．

〈ダメ父版〉（＝⚙ ⑴ 35）

ほんとうは今日は父が料理当番なのに，父はこともあろうにビールを飲みながらテレビを観ている！　そのあと喧嘩になった（father... の前に間があり，「父のテレビ視聴」に対する語り手の呆れが表現されている）．

第一ステップ──原因・理由構文の例

第一ステップのもう一つの例として，原因・理由構文を取り上げます．

because を使った構文は，切れ目の生かし方次第で意味が変わってくる典型例です．まず単に理由を述べるだけの because 文の例をあげます．

> Kids like to play football, because it is fun.　　　⚙ ⑴ 36

この文で少し口調を調整すると，切れ目が強調されニュアンスが変わります．

> Kids like to play football, because it is fun.　　　⚙ ⑴ 37

この例では，because を強めに言うことで切れ目がはっきりし，because 以下全体がより強調的に響いてここが文のポイントの中心であることがわかります．

私たちがしばしば意味をとりちがえるのは次のような構文です.

@ ») 38, 39

You must not spend money in such a way because your father is
rich.

これも音読したものを聞くと意味の誤解が減ります. まず「あなたのお父さんがお金持ちだからといって, そんなお金の使い方をするべきではない」という意味になる場合があります. その読み方を聞いてみましょう (=@ ») 38).
こちらは because 前の「間」の**短さが特徴**です.

　これとは逆に because 前に長めの「間」をあければ,「あなたのお父さんはお金持ちなのだから, そんなお金の使い方をするべきではない」との意味にもなりえます (=@ ») 39).

　英語ではこうした理由説明構文が頻繁に使われます. 頭に入れるべきは, 構文上, 優先順位が高いのが主節の主語・動詞だということ. しかし, because を使った構文などの場合,「わざわざ理由を言っている」というニュアンスが加わることがあるため, because のほうに強調がくることもしばしばあるということです.

　以下の例文の二つの読み上げ例も素材として使えるでしょう. それぞれ下にあげた日本語のどちらのニュアンスになるか考えてみましょう.

@ ») 40, 41

You should not speak to him in such a way (,) because he is a
Japanese.

---

① 「彼が日本人だからといって, そんな口のきき方をしてはいけない」

②「彼は日本人なのだから，そんな口のきき方をしてはいけない」

▶［解答例］

第二ステップ――長めの文章による練習

　次にこうした基礎訓練を踏まえた少し長めの練習について説明します．以下の文章は世界的な講演会である TED（Technology Entertainment Design）のスピーチからの抜粋です．2018 年に行われた工学者 Aaswath Raman による "How we can turn the cold of outer space into a renewable resource" と題されたものです（本書で取り上げるのは，スピーチ全体における 00:05-02:45 の時間帯）.[1] これを使って次のような作業をしてみます．

　①音声を聞きながら英文を見て，切れ目が入っていると思われるところに斜線を入れる．

　②もう一度音声を聞きながら，どこがより強調されているか，印をつけてみる．

》) 42

Every summer when I was growing up, I would fly from my home in Canada to visit my grandparents, who lived in Mumbai, India. Now, Canadian summers are pretty mild at best—about 22 degrees Celsius or 72 degrees Fahrenheit is a typical summer's day, and not too hot. Mumbai, on the other hand, is a hot and humid place well into the 30s Celsius or 90s Fahrenheit. As soon as I'd reach it, I'd ask, "How could anyone live, work or sleep in such weather?" To make things worse, my grandparents didn't have an air conditioner. And while I tried my very, very best, I was never able to persuade them to get one. But this is changing, and fast.

Cooling systems today collectively account for 17 percent of the electricity we use worldwide. This includes everything from the air conditioners I so desperately wanted during my summer vacations, to the refrigeration systems that keep our food safe and cold for us in our supermarkets, to the industrial scale systems that keep our data centers operational. Collectively, these systems account for eight percent of global greenhouse gas emissions.

But what keeps me up at night is that our energy use for cooling might grow sixfold by the year 2050, primarily driven by increasing usage in Asian and African countries. I've seen this firsthand. Nearly every apartment in and around my grandmother's place now has an air conditioner. And that is, emphatically, a good thing for the health, well-being and productivity of people living in warmer climates. However, one of the most alarming things about climate change is that the warmer our planet gets, the more we're going to need cooling systems—systems that are themselves large emitters of greenhouse gas emissions. This then has the potential to cause a feedback loop, where cooling systems alone could become one of our biggest sources of greenhouse gases later this century. In the worst case, we might need more than 10 trillion kilowatt-hours of electricity every year, just for cooling, by the year 2100. That's half our electricity supply today. Just for cooling. But this also point us to an amazing opportunity. A 10 or 20 percent improvement in the efficiency of every cooling system could actually have an enormous impact on our greenhouse gas emissions, both today and later this century. And it could help us avert that worst-case feedback loop.   ▶ [訳]

　切り方の例はだいたい次のようになります．また単語単位で強く聞こえる
ところは，太字と下線で示しました．

Every summer when I was growing up, / I would fly from my home
in Canada / to visit my grandparents, / who lived in Mumbai, India.
Now, / Canadian summers are pretty mild at best /—about 22 de-
grees Celsius / or 72 degrees Fahrenheit / is a typical summer's day,
/ and not too hot. Mumbai, on the other hand, / is a hot and humid
place / well into the 30s Celsius or 90s Fahrenheit. As soon as I'd
reach it, I'd ask, / "How could anyone **live**, **work or sleep** / in such
weather?" To make things worse, / my grandparents didn't have an
air conditioner. And while I tried my very, very best, / I was **never
able to persuade them** to get one. But **this** is changing, / and fast.

Cooling systems today / collectively account for 17 percent of the
electricity we use worldwide. This includes everything from the air
conditioners I so desperately wanted / during my summer vacations, /
to the refrigeration systems / that keep our food safe and cold for us
in our supermarkets, / to the industrial scale systems / that keep our
data centers operational. Collectively, these systems account for
eight percent of global greenhouse gas emissions.

But what keeps me up at night / is that our energy use for cooling
might grow **sixfold** / by the year 2050, / primarily driven / by increas-
ing usage in Asian and African countries. I've seen this firsthand.
Nearly every apartment / in and around my grandmother's place now /
has an air conditioner. And **that is, emphatically, a good thing** / for

the health, well-being and productivity of people living in warmer climates. However, / one of the most **alárming things** about climate change / is that the warmer our planet gets, / the more we're going to need cooling systems /—systems that are themselves large emitters of greenhouse gas emissions. This then has the potential to cause **a feedback loop**, / where cooling systems alone could become one of our **biggest sources** of greenhouse gases later this century. In the worst case, / we might need more than **10 trillion** kilowatt-hours of electricity every year, **just for cooling**, / by the year 2100. That's **half** our electricity supply today. Just for cooling. But / this also point us / to **an amazing opportunity. A 10 / or 20 percent improvement** / in the efficiency of every cooling system / could actually have an enormous impact / on our greenhouse gas emissions, both today and later this century. And / it could help us avert / that worst-case feedback loop.

　こうしてみると，この話者が主に good, alarming, amazing といった，いくつかのカギになる形容詞や，eight, 10 といった数字に力点をおいていたのがわかります．

　英語ではこのように山と谷の組み合わせを利用したさまざまな差異を通して話者の態度を表現するわけですが，とくにこのようなデータをもとにしたトークでは，感情表現が中心になるわけではないので，強＝意味の中心という単純な構図にはなりません．たしかに重要なデータは聞き漏らしがないよう，メリハリをつけた注意を引く言い方になっていますが，それよりも，山と谷をきちんと構成することで，話者の議論の筋道が明瞭になることを目指しているように感じられます．

　なお，単語や句で山と谷がつくられる一歩手前には，音節単位の強勢がありストレス・アクセントの土台を形成しますが，今回は煩雑になるので，そこは示していません．

体の事情としての切れ目

切れ目は単に文の構造を示すだけではありません．会話の中では，切れ目を通してきわめて微妙なニュアンスを伝えることもできます．たとえば次の例文を見てみましょう．ごく簡単な日常会話です．込み入った文法知識や単語力がなくても，意味はすぐわかる．この例文を使って，切れ目をどう聞き取るか，その練習方法を説明します．まずは音声を聞きながら，切れ目を入れてみます．

43

Laura: Did you read Williams's new novel?
John: No. Did you?
Laura: No, but I want to. The reviews are very positive on the whole.
John: I didn't quite enjoy his last novel. Well, when you've read it let me know what you think.
Laura: You'll listen to me, then? We tend to have different views, don't we, when it comes to Williams.
John: Even so, it helps. You can at least tell me what the story is like. There are kinds of tales I don't feel like reading at all.
Laura: Ah. Something like a middle-aged man suddenly approached by a mysterious woman with a past, falling in love with her, and....
John: Exactly!

［訳］
ローラ：ウィリアムズの新しい小説，読んだ？

ジョン：いや．君は？

ローラ：まだだけど，読みたいんだ．書評ではだいたい好評よ．

ジョン：前の作品はあまりおもしろくなかったな．じゃ，読んだら感想聞かせて．

ローラ：あれ．私の感想なんか聞くんだ．私たち，いっつもウィリアムズの感想となると，ずれるよね．

ジョン：それでも，参考にはなるさ．どんな筋書きかくらいは教えられるだろ．これはぜったい勘弁っていう展開があるからな．

ローラ：中年男に突然，あやしげな過去のある女が近づいてきて，すっかり好きになっちゃって……みたいな？

ジョン：そうそう！

　だいたい次の「/」のところで，ごく短い呼吸が入っているのではないでしょうか．

①**Laura:** Did you read / Williams's new novel?

②**John:** No. Did you?

③**Laura:** No, / but I / want to. The reviews are very positive on the whole.

④**John:** I didn't quite / enjoy his last novel. Well, / when you've read it / let me know / what you think.

⑤**Laura:** You'll listen to me, / then? We tend to have different views, / don't we, / when it comes to Williams.

⑥**John:** Even so, it helps. You can at least tell me / what the story is like. There are kinds of tales / I don't feel like reading at all.

⑦**Laura:** Ah. Something like / a middle-aged man / suddenly approached by a mysterious woman with a past, / falling in love with her, and ....

John: Exactly!

　では，これらの切れ目がそれぞれどのような機能を果たしているか考えてみましょう．

会話文の切れ目はより身体的です．息つぎらしさが大事になる．水泳のときと同じで，それは**物理的な事情**であり，いわば**生理的な必然**と考えられます．だから，私たちはついそれを「仕方のないもの」「どうしようもないもの」として無視しがちです．あくまで生理的な要素で，**精神的な意味**を伴う言葉のやり取りとはあまり関係ない些末事．たとえば討論のどのタイミングで参加者がトイレに行ったかがおよそ議論の本質とは関係ないのと同じ……．

息つぎは「意図」だらけ

　しかし，身体的な現象である切れ目は，同時に内容にもかかわっています．そのことをこの章では例をあげながら説明したいわけです．

　まず①．ここでは切れ目を入れることで，ローラがジョンに対し「私は今，あなたに話しかけていますよ」という意思表示を行っています．もし切れ目のないまま Did you read Williams's new novel? という文をひと息で言ったら――もちろんそういう状況もありえますが――虚をつかれた相手が「ええ？　何？」というふうに，内容を聞き取れない可能性があります．そこでまず，Did you read... と一瞬の間をおいて相手の注意をとらえたうえで，より大事なポイントを示します．日本語で「あのさ」というようにまず相手の注意をひいたうえで，会話の重要ポイントを口にするのと似たようなものです．

　話者にしてみると，このようにちょっとした間を入れることで相手に自分の意図を効率的に伝えることができるし，聞き手にしてみれば，この間が発する「私は今，あなたに話しかけていますよ」という意思表示をとらえることで，相手の言おうとしていることを理解しやすくなります．

　この例からも，リスニングが野原を走り回る「野ウサギ」を追いかけ回すようにして行われるべきではないことがあらためて印象づけられるでしょう．たしかに私たちは人の話を聞くことにある程度エネルギーを使うかもしれませんが，それほどのエネルギーは使わない．ほかにも私たちが神経を使わねばならないことはいろいろとあるからです．外国語での会話といえども，言葉を聞き取ることだけに全精力を注ぐわけにはいきません．発言の背景を推

し量ったり，反論や同意などの意見表明をしたり，情緒的に感情移入を行ったりと，きわめて忙しい．だから相手の提供する情報を効率よく受け取りたいのです．相手もまたこの効率性を助けるために，こちらに向けてヒントを出してくれるでしょう．そのヒントの最大のものが切れ目であり，間なのです．

　④の一つ目の切れ目もこれと似ています．ジョンは I didn't quite / enjoy his last novel. というふうに didn't quite のあたりで間を置きます．quite のところでペースダウンしていると言ってもいい．これは何を意味するでしょう．あきらかにローラはウィリアムズの小説に興味を示している．これに対し，ジョンは didn't のあとの本動詞をやや間をおいて口にすることで，「ちょっと言いにくいんだけど」とか「あなたの期待に添えなくて悪いんだけど」という態度を示しているのではないでしょうか．これを聞くとローラのほうは，「あ，これはきっと私の言おうとしてることや示していることとはちょっと違う方向のことを言うんだろう」という予測が立ちます．つまり，そういう覚悟とともに後続の言葉を聞けば，聞き漏らしも少なくなるわけです．

　こうした例からもわかるように，私たちが会話を行うときは，単に自分の言いたい内容を片端から相手に投げつけているわけではありません．コミュニケーションをすべて「発信」vs「受信」という図式でとらえようとする根本的な誤解は，言葉のやり取りを単に意味の投げつけ合いだと考えるところにあります．私たちは実際には意味を投げる前に，「これから意味のあることを言いますよ」とか「私の言おうとしていることに，あなたはちょっとびっくりするかもよ」といったシグナルを出すことで，意味の方向を予告しているのです．自動車で道を曲がるときに，あらかじめ方向指示器を点滅させて周囲に知らせるのと同じです．これをすることで，私たちはより円滑なやり取りを行うことができます．

　意味というものは相手にそれを読み取ってもらおうとする意図と，その意図をとらえようとする聞き手との**双方の協力があってはじめて生まれる**ものだと言えます．だからこそ，言葉や意味が野ウサギのようにぴょんぴょんはねまわっているというイメージのかわりに，野原に仕切りをつくって，野ウサギが自然と自分のつくったスペースの中を走り回るように仕向ける，とい

うイメージのほうが合うわけです．リスニングを学ぶとは，この**共同作業の**
ルールを体得するということを意味します．

節を教える切れ目

　切れ目の他の機能も確認してみましょう．この章の冒頭からも述べてきた
ように，切れ目は文法とも連動しています．私たちが学校で習う文法ととり
わけ関係が深いのは以下の箇所です．

　　④when you've read it / let me know / what you think.
　　⑤We tend to have different views, / don't we, / when it comes to
　　　Williams.
　　⑥You can at least tell me / what the story is like. There are kinds of
　　　tales / I don't feel like reading at all.

　これらの例は，いずれも文法用語でいうところの「節」のきわを教えてく
れる切れ目です．これらを聞き取ることで，どこからどこまでがある程度自
立したユニットをつくる「節」となっているかを知ることができます．
　英語文法の基本はこの「節」の理解にかかっています．私たちが文章が読
めないと思うときは，たいてい節の切れ目をとらえそこねているとき．適切
な英語の文章を書けないときも，この節のコントロールがうまくいっていま
せん．そういうときは，節がきちんと節として形になっていないだけでなく，
節のバランスが悪い，節の間が悪いといったことも起きています．
　だからこそ，文字で読んでわからないと思えた文章を誰かに音読してもら
うと，とたんに頭に入ってきたりするのです．切れ目の助けを借りると文の
構造がとらえやすくなる．逆に，構文がきちんととれていない人が音読する
と，変なところで切れ目を入れるので，構文がとれていないことがわかって
しまいます．
　それにしても，読解を行っていたときと比べると，節がとてもわかりやす
く思えないでしょうか．日常会話なので比較的平易な文章だということもあ

りますが，今まで苦労して理解していた階層構造が，音声的な切れ目を助けにするととても明瞭になります．

切れ目と感情

　では，③でローラが No, / but I / want to. で入れる間はどうでしょう．これも先ほどの予告と同じで，ローラは I の後に間を置くことで，これから注目すべきキーフレーズを言いますよ，というシグナルを出している．ただ，それと同時に情緒的なシグナルも読み取れる．ここでは，「読んだ？」というよりニュートラルな情報交換から少し話を進めて，心の内側に踏み込もうとしているのです．人が自分の好悪について語るときは，よりプライベートな領域に入っていくわけで，構えを解くような姿勢を見せる．ちょっとした襞（ひだ）というか陰影のようなものが見える瞬間です．それがわずかな間によって示される．

　⑦のローラの間はどうでしょう．Something like / a middle-aged man / suddenly approached by a mysterious woman with a past, / falling in love with her, and....　冗談めかしたトーンが聞き取れる箇所です．ウィリアムズという作家の作品によく見られるパターンを，幾分揶揄しながら「たとえば，あれ？」というふうに言って見せている．ここでのポイントは，Something like の間の後で語られるのが，あくまで「例」にすぎないということです．つまり，これは現実としてではなく，仮定のこととして仮に言われているにすぎない．

　この「仮に」という部分をとらえるのもリスニングにおいてはとても大事です．このあたりは理論編の第3章でも触れましたが，しばしば英語の話者は議論の芯となる部分と，それを立証するための例や，あるいはそこから一時的に脱線する部分とを上手につなげて話にメリハリをつけます．ところがせっかくのこの仕掛けも，どこからどこまでが議論の芯で，どこからどこまでが例や脱線にすぎないのかをとらえていないと，虚構と現実がごっちゃになって話がちんぷんかんぷんになるだけです．その区別のために重要なのが，やはり切れ目なのです．話者は切れ目と強弱や抑揚，スピードなどさまざまな要素を上手に組み合わせることで，「ここからは脱線だからね．リラック

スして聞いてて」というシグナルを送ってくるのです．

　というわけで，こうしたちょっとした会話を点検してみるだけで，いかに切れ目が重要な役割を果たしているかがわかります．今，解説したようなニュアンスをすべてとらえるのはなかなか難しいと思えるかもしれませんが，実際の会話では私たちはけっこう上手にこうしたシグナルをとらえるものです．少なくとも，日本語ではかなりうまくやっている．ただ，日本語であまりに無意識にやっているために，英語でも英語なりのやり方でシグナルをとらえなければならないという心構えができていないのです．

　難しく考える必要はありません．まずは，そもそも切れ目＝差異があるのだ，ということを意識し，その効き目をとらえる練習をすること．これはある程度機械的にできるでしょう．ニュースなどやや早口の英語から，対決型の討論のようなもの，ごく日常的な会話など，さまざまな状況をためしてみたい．切れ目の表現もさまざまでしょう．しかし，形こそ違え，切れ目は確実にある．まずは「あ，切れ目だ」と思いながら英語を聞いてみましょう．切れ目だけに集中して聞くのです．そうすると，次第に切れ目のニュアンスも聞き取れるようになります．

第 9 章の
ポイント

- □ **切れ目が示す文法の構造**
- □ **優先順位を聞き取る**
- □ **切れ目と順接**
- □ **切れ目と逆説**
- □ **切れ目が表す感情，切れ目が発するシグナル**

第10章 名前を押さえる
必要な情報の察知

「点」から始める

　私たちがテレビやラジオを通して，あるいは公共施設などで英語を耳にするとき，必要な情報はしばしば「点」の形をとります．たとえば次の列車が「何時」に出発するか．「何番線」から出るか．ボストンの天気は「雨」か「晴れ」か．気温は「何度」か．次のイギリスの首相は「誰」かなど．第4章で説明した「一点聞き」の練習はこうした状況にそなえるのに役に立つでしょう．

　このように「点」として情報と接するとき，私たちはふつうトーンや含意，比喩，皮肉などには注意を払う必要がありません．列車の発着やフライト情報のアナウンスにいちいち皮肉や誇張が込められていたら，混乱が起きるだけでしょう．天気予報には多少の情緒が混じることがありますが，情報そのものは至極明快．つまり，こうした情報はきわめて「事務的」なのです．そして事務的な情報の特徴として，その多くが人名，都市名，数字など「名詞」の形をとります．仕事や研究でもこうした「名詞」を聞き取る必要がある場面は多い．この章では，そのための具体的な方法を示します．

　ただ，最後まで読んでいただければわかるように，「点」を聞く訓練は単に事務的な情報処理の力を鍛えるものとしてではなく，より広く口頭でのやり取りの力全般を磨くための入り口としてとらえられるべきです．なぜなら，「点」への関心を高めることを通し，私たちは言葉における注意や注目といった要素にも敏感になれるからです．

「知っている語」を聞き取る

　点を聞く練習は，英語習得のもっとも初歩的な段階から取り入れられる簡単で便利なものです．たとえ単語や語句を知らず文法知識がほとんどなくても，「Bob という語が何回出てくるか数えてみよう」とか，「どんな人名が出てくるか耳を澄ませてみよう」という問いを設定すれば，英語の音の世界に足を踏み入れるきっかけをつくれます．もし低学年の英語学習であまり抽象的なことを教えることを避けたいというのであれば，こうした練習をゲーム的に取り入れることで，積極的に耳を慣らす助けになりそうです．ただし，その際，英語に慣れていないからといって，不自然なほどに音声をゆっくりにする必要はありません．リスニング学習で最終的に大事なのはリズムやテンポの習得なので，たとえ全部の音が聞き取れなくてもある程度の自然な音の流れに耳を慣らし，その中で「点」をとらえるという作業をすることで鍛錬になります．

　まずは数字をとらえる練習の例から見ていきましょう．次の音声ではパディントン駅での電車の乗り方について説明しています．スクリプトを見ないで音声だけを聞いて，ヒースロー急行に乗車するには何番線で待てばいいのか，それがあてはまるのは何時から何時までかなどを聞き取ってみます．[1]

> ヒースロー急行の案内　　　　　　　　　　　　　　　◎ ⑴ 44

音声の英文は次の通りです．下線が解答部分です．

If you've travelled with us before you'll know there's usually at least one train on the platforms at Paddington Station, ready to board.

Until early 2021, Heathrow Express services from London Paddington will depart from <u>Platform 7</u> only, <u>between 05:00 and 21:00</u>

<u>Monday to Friday</u>. This is while we work alongside Great Western Railway and TfL Rail to run more, faster trains to destinations west of London using the same number of platforms at Paddington Station. ▶ ［訳］

　パディントン駅のプラットフォームの使い方がこれまでと変わったというアナウンスですが，その中に，具体的にヒースロー急行の発着番線への言及もあります．このように一点聞きは，具体的な情報を探しながら聞く際に活用される聞き方だと言えるでしょう．

　次は天気に関するニュースの音声で，必要な情報をとらえる練習例です．[2] カバーされているのはアメリカの東部地域です．どんな都市が言及され，その天気はどうだったかといったことを聞き取ってみましょう．

天気に関するニュース　　　　　　　　　　　　　　　　⊚ ⬤)) 45

音声の英文は次の通りです．下線を引いたのが金曜日の天気，波線が地域です．

<u>Strong wind gusts</u> became powerful enough to break tree limbs and cause sporadic power outages on Friday. As <u>heavy rain and thunderstorms</u> swept through portions of <u>Pennsylvania, Maryland, New Jersey and even southern New England</u>, numerous reports of damaging wind gusts were reported. ▶ ［訳］

　もし困難を乗り越えて達成感を味わわせるのが目的なら，高度な練習としては，「知らない単語が出てきたらスペリングを想像しながらメモし，その意味を辞書で確かめる」といったものもあるでしょう．逆によりオーソドックスなものとしては，「話者が一番力点を置いていたキーワードは？」といった問いがありえます．これらは，内容把握や英作文的な能力の育成にもつ

ながるかと思います.

　次は「ペットフードの宣伝」を素材にした練習です.[3] 一番力点が置かれているキーワードは何でしょう. また, 知らない単語が出てきたらスペリングを想像しながらメモし, その意味を辞書で確かめてみるといった作業を組み込んでもいいかもしれません.

ペットフードの宣伝　　　　　　　　　　　　　　　　　　　⊚ ⏺)) 46

以下が英文です. カギになりそうな語句に下線を引いてみました.

> In nature, cats like to have a clear view of their surroundings in order to detect the approach of rivals or predators. So where you place the dish plays an important role in your cat's level of comfort at feeding time.
>
> Tip 1: Placing a cat's dish in the corner of a room may put your cat on edge because it's difficult to see the surroundings. This is especially true in homes with multiple cats or a dog.
>
> Tip 2: To lessen the tension, try positioning the dish in the open to maximize sight lines.　　　　　　　　　　　　　　　　▶ [訳]

いずれにしても, 素材そのものはシンプルで十分. ある程度分量のある音声の中から必要な情報を拾うといった作業は, 言葉と付き合ううえでのもっとも基本的な所作なので, 設定を変えつつ頻繁にやるといいでしょう. ただ, これを教える側の立場で考えると困ったこともあります. 授業時間でやらせるとけっこう時間を食ってしまうということです. ただ, こうした練習は必ずしも教員がそばについていなくてもできます. 生徒に余裕があれば一人でかなりの長時間にわたってやることもできるので, 是非, 家庭学習でやらせ

たい．そんなときに，どれくらい臨場感のある宿題を設定して「音の一点」
への注意喚起を行えるかは問いの立て方次第だと思います．もちろんカンニ
ング対策も必要．大事なのは，生徒が緊張感とともに音声を聞くように仕向
けることでしょう．指導者たちが知恵を結集してあたるといいだろうと思い
ます．

　以下，練習例をまとめておきます．

- どのような数が出てくるか聞き取る
- どのような色が出てくるか聞き取る
- どのような都市名が出てくるか聞き取る
- you が何回出てくるか聞き取る
- 自分で「××という語は何回出てくるでしょう？」という問いを立
  て，他の人に答えさせる

練習問題の応用例

　こうした練習はある程度，英語の知識が増えてきても続けられるものです
が，その際に，いくつかの段階に分けた練習をするのが望ましいでしょう．
第一段階としては，自分がすでに知っている語に耳を澄まし，その語を聞き
取る練習をするという方法が考えられます．

　たとえば下記に示すようなウェブサイトで天気予報や経済ニュースの音声
が聞けるので，レベルにあった練習をすることができます．課題設定の例と
ともに，いくつかサイトを紹介しておきますが，用例はどんなものでも大丈
夫です．

　たとえば，次の天気予報のサイトを利用して，下記のような情報を聞き取
るという課題設定が可能です．

●)) 47

天気予報のウェブサイト

◇CNN Weather

　https://edition.cnn.com/weather

◇BBC Weather

　https://www.bbc.com/weather

◇Met Office Weather forecast videos

　https://www.metoffice.gov.uk/weather/videos

①Tokyo, New York などの都市名が，それぞれ「何回」出てくるか

②Tokyo, New York などの都市名の「天気」

③Tokyo, New York などの都市名の「最高気温」

少し難易度をあげたものは下記の通り．

④主な都市以外にどのような地名が言及されているか

⑤「晴」予報の都市はどこか

⑥最高気温が一番高いのはどこか，またそれは何度か

　株式市場のレポートでは，下記のようなポイントを聞き取る練習ができます．

ビジネス関係のウェブサイト

●)) 48

◇Bloomberg

　https://www.bloomberg.com/live

◇CNN BUSINESS

　https://edition.cnn.com/business

◇BBC

```
https://www.bbc.com/
```

①Dow Jones の「終値」
②Dow Jones の値動きは「何パーセント」か
③その他の株式市場の「終値」

さらに次のような練習もできます.

④どのような数字が言及されているか
⑤どのような指標が言及されているか
⑥それぞれの指標の数字はどうなっているか
⑦株式ニュースの銘柄では何が言及されているか
⑧値動きが大きいのはどの銘柄か
⑨株式市場を動かした「要因」としては何が言及されているか

このように難易度をあげていくと，次第に情報の全容を聞くことができるようになってきます．上にあげた報道各社のサイトでは，株式市場に限らずさまざまなビジネス関係の動画が見られるので，画像を見たり隠したりしながら，自分に合ったレベルの練習ができるでしょう.

「固有名詞」を聞く

　次にチャレンジしてみたいのは，第5章でも触れた「固有名詞」に特化した練習です．注意したいのは，名前にも「難易度」があるということです．この難易度は人によって異なりますが，他方で，誰にとっても聞き慣れない，難易度の高い名前というのもあるでしょう．またかなりの程度，コンテクストも影響します．自分が得意なコンテクストであれば，そこに出てくる名前

は予想がつくので耳でもとらえやすいでしょう．逆に知らない領域であれば，必死に耳をそばだてることにもなる．

　以下，個人的な事情や一般的な条件とからめて，さまざまな難易度の指標を示してみます．

〈個人的な事情〉
・自分がよく知っているかどうか
・日本語発音でしか聞いたことがないかどうか
・スペリングしか知らないかどうか
・生まれてから一度も聞いたことがないかどうか

〈一般的な事情〉
・一般的にはあまり出てこないが，文脈上，予想される名前かどうか
・文脈上，ふつうは出てこない名前かどうか
・日本語話者には聞き取りにくい名前かどうか
・英語話者にも聞き取りにくい名前かどうか
・とにかく珍しい名前かどうか

　このように固有名詞にはさまざまな難易度がある一方で，その馴染みの度合いには個人差もあるので，用意された課題で漫然と練習するよりも，自分自身で目標を設定して耳を澄ませたほうが練習としては有用だと思われます．また素材も，天気予報や経済ニュースなど，ある程度名詞が予測できるものではなく，聞いたこともない名前が出てくる可能性がある音源を聞いたほうが幅は広がるはずです．たとえば，以下のような段階別の課題設定が考えられます．

①音源にかかわらず，とにかく聞き取れた人名をメモする
②ファースト・ネーム（と思われるもの）を聞き取る
③話題の中心にいる人名を書き取る
④Ｓで始まる人名を聞き取る（アルファベットは任意）

⑤自分が聞き取りにくいと思った名前を何度も繰り返し聞くことで，突き止める

　以下に課題例を設定します．音声はアメリカの南北戦争の背景に関する説明で，人名・地名が多数出てきます．[4]

南北戦争の背景に関する説明　　　　　　　　　　　　　　② ⑴) **49**

　　　　　　　　　　　　　　　　　　▶[英語スクリプト]［訳］

---

①全部で何人の人名が出てきたかを数える
②聞き取れた人名をメモする
③自分が聞き取りにくいと思った名前を何度も繰り返し聞くことで，突き止める　　　　　　　　　　　　　　　　　　　　▶［解答例］

　こうした練習に書き取りを組み合わせることには意味があります．英語のスペリングは不規則なものが多く，とくに都市名や人名は聞いただけではスペリングが思い浮かばないことも多いです．それだけに，スペリングを想像しながら耳を澄ませて聞こうとすれば，知ってる名前を聞いて「ああ，あれね」といきなり概念化するのではなく，名前を音そのものとしてとらえる練習になります．もちろん Elliot なのか Eliot なのかはいくら耳を澄ませてもわからないので仕方ないのですが，少なくとも子音や母音をしっかりとらえる試みは，英語的な音に耳を慣らすという意味でも役に立つと思います．

「名前がくるぞ!」という予感

　こうした練習をすると，以下のことに気づくでしょう．ニュースなどでは，人名が最初に出てくるときは，Boris Johnson, the British Prime Minister, said... とか The British Prime Minister Boris Johnson said... というふうに職名とセット

になっていることが多いのです．職名でなくとも，最初に名前に言及するときには，その人がどんな人なのか，なぜ今，わざわざ話題にするのかを示すことが多い．これを少し敷衍して言うと，ある程度意味のある情報が提示されるときには，話し手が「さて新しい情報を提示しますよ」とばかりに，何らかのジェスチャーをするということです．それが職名の提示のように明瞭にされることもあれば，第9章で説明したようにテンポを変えたり間を入れたりして聞き手の注意をうながすということもあるでしょう．もしくは文章の作り方でそれを表現することもある．

　いずれにしても，事務処理に近い情報のやり取りではあっても，より正確に情報を伝えようとすれば，そこでは明示的・暗示的にさまざまな**シグナルが発せられている**ということです．ならば，もし文脈上，意味のある「名詞」を聞き取りたければ，そうしたシグナルに敏感になればいいということになります．たとえ天気予報であっても，その日，ニューヨークの最高気温がかなり高いなどというときは，気象予報士の人はそれなりの言語的なジェスチャーを込めて「〇度」という部分を口にするはずです．こうした情報の出し方の呼吸を覚えれば，自分が相手に情報を伝えるときにも，より確実に情報を伝えることができます．

　この本を通してずっと強調してきたように，言語活動というのは単なる情報のやり取りで完結するものではありません．どうしても私たちは名詞という形をとる人名や数字などの情報に意識を向けがちですが，それを伝え合うにあたって話し手も聞き手も**さまざまな準備をする**し，ときには**余韻をも表現する**．そうした準備や余韻は必ずしも言語行為としてそれとわかるはっきりした形は与えられていなくとも，確実に私たちの「心」に働きかけているのです．この部分があってはじめて言語活動は完結します．

　こうした準備の部分を含めて名前を聞き取る練習をすることもできます．たとえば以下のような練習は役に立つでしょう．

①ニュースの中に出てくる名前と職名とを書き取る
②ニュースの中でとりわけ話題の中心となっている名前を書き取る
③討論番組でキーワードとなっている名詞を拾う

④ドラマで話題の中心となっていると思われる名前を書き取る
⑤ドラマで登場人物の話題のキーワードを書き取る

こうした練習にちょうどいいウェブサイトを以下にあげます．

·)) 50
ニュース・討論番組・ドラマのウェブサイト

〈ニュース〉
◇BBC News
　　https://www.bbc.com/news
◇CNN Videos
　　https://edition.cnn.com/videos

〈討論番組〉
◇BBC Radio4 のディベート番組 Moral Maze
　　https://www.bbc.co.uk/programmes/b006qk11

〈ドラマ〉
◇BBC sounds の Drama 作品
　　https://www.bbc.co.uk/sounds
◇TV ドラマ，映画などのさまざまな動画を探してみる

　よりレベルがあがってきたら，重要な名前に言及するにあたって話し手がどのような工夫をしているか確認したりしてもいいでしょう．多くの場合は同格で職業を示したり，関係詞で説明を挿入したり，というふうに，文の流れにメリハリを加えることで名前に注意がいくような工夫がなされているはずです．それに気づくことができれば，その間合いを自分でも体得することにつながります．

ところで現実の会話の中で，このように特定の名前が意味を持つのはどんな状況でしょう．たとえば複数の人が会話に参加していて，「あのとき，彼がいたのはどこだっけ？」というような話になったとする．そこで「London だ！」と言いたい．あるいは「彼と一緒にいたのは誰だっけ？」に対し，「Mary だ！」と言いたい．このように流れの中で特定の情報を差し出したいという瞬間はよくあるものです．しかし，そこで言葉を挟むのが意外と難しい．この難しさは日本語でも英語でも同じかもしれません．よほどタイミングがぴったりなら別ですが，差し出したい情報だけを急に口に出して「London だ！」などと言うと，まわりの人が仰天して会話の流れが寸断されてしまいます．また，唐突に投げ込まれた情報はうまく聞き取ってもらえないということも多いです．

　そんなとき，英語ではみなどうしているかを聞いてみるのも参考になるでしょう．一般的に会話に参入して情報を差し出すとき，そのきっかけとして便利な言葉がいろいろあります．たとえば I think... とか I wonder... とか，あるいは Well, ..., I don't know... といった語句から始めると，まわりの人にはこちらが何を言おうとしているかまではわからないまでも，とりあえず何かを言おうとしていること，またそれをどんな姿勢で言うつもりなのかが伝わってきます．そうした一言でまわりの人の注意をひくことで，発言のためのいわば「地ならし」が行われるのです．名前を出したい場合は，当然文脈もあるでしょうから，I think や I wonder よりももっと適切な言葉があるでしょうが，いずれにしても情報だけをナマのまま放り込むのではなく，まず準備をしたい．きちんと準備をへた発言であれば，わりにすんなりと他の人にも受け止めてもらえるはずです．そうしたマナーの体得も，リスニング練習の重要な目標となりうるでしょう．

- ☐ **重要ポイントを聞く練習**
- ☐ **個別情報を聞く練習**
- ☐ **固有名詞を聞く練習**
- ☐ **必要な情報が出てくる気配を察知する練習**

第**11**章 空間に慣れる
諸技能を連携させる

実存英語の実践

　第6章では自分が身体ごと巻き込まれているときの英語の使い方の難しさを説明しました．これらは身体がからむこともあり，机上で勉強することが難しく，またテストにも出しにくい．つまり，教室ではなかなか勉強しにくいのです．しかし，まったく無理というわけでもありません．幸い，私たちのまわりには今，さまざまな環境を再現するための装置が整いつつあります．それらを活用すれば，自分ひとりでも「実存英語」の基礎的な訓練は不可能ではありません．以下，そのいくつかの例を示します．

折り紙の方法

　英語の空間表現に慣れるには，手を使った作業とからめるのが便利です．たとえば折り紙．英語圏でも人気があるので，ウェブ上にも英語による解説付きの動画がいくつもあがっています．これらを活用するといいでしょう．
　やり方として，まず動画を再生しながらも画面は見ないで音だけ聞き，どれくらい手順が頭に浮かぶか試してみるという方法があります．すでに折り方を知っているものも多いはずなのでヒントになるでしょう．ただ，それでも意外と難しいかもしれないので，可能であれば，よくわからなかった箇所をメモしたり，覚えておいて，その次に今度は動画を見ながら音を聞いてみるというやり方もあります．そうすると，「あ，なるほど．そうこうことだったのか」と記憶にも残ります．

折り紙に関するウェブサイト

〈Happy Folding: enjoy origami online〉
◇公式サイトの Videos
　https://www.happyfolding.com/videos
　折り紙の方法を紹介するクリップ集

〈EZ Origami〉
◇公式サイトの Videos
　https://ez-origami.com/videos/
　凝った作品が見られる

＊YouTube で "Origami" "Instructions" などで検索してみると数多く
　ヒットします

やり方を以下にまとめておきます.

　①画面を見ないで音だけを聞き, 手順を想像する
　②わからないところはメモする
　③実際に折ってみる
　④画面を見ながら, 英語表現を確認する

　折り紙の動画を見ると, squash fold など折り紙特有の用語が何度か出てきます. もし折り紙について英語でやり取りをする予定があるなら, こうした用語をいくつか覚えておくのもいいでしょう. ただ, ここで注目してもらいたいのは以下のような, より基礎的な表現です.

Fold the bottom corner <u>up</u> to meet the top corner,

then fold the right corner <u>over</u> on top of the left corner.

up や over といった語を見たことがないという人はまずいないでしょう．こうした語は学習のもっとも初期段階で習う基礎的なものです．しかし，これらを自分で使いこなすのは意外と難しいのです．なぜなら，同じような状況を説明するときに，日本語ではこうした副詞に相当する言葉が入ってこないことが多いからです．そのため，英語から翻訳しようとしてもうまい言葉がない．しかし，英語の文脈では，これらのニュアンスをうまくとらえたほうが，指示をきちんと受け取れます．

　こうした違いが示すのは，英語と日本語で空間のとらえ方や切り取り方が微妙に異なるということです．また，the bottom corner とか the top corner といった用語にも表れているように，位置の示し方にも違いがある．空間を表す単語は，幼少期から使うような単純なものであればあるほど，異なる言語の間でのずれがけっこう大きいのです．専門的な術語のような一対一での対応を期待するよりは，その語特有の空間性や身体性に馴染んでいくことが必要になってきます．

料理のつくり方を聞く

　折り紙よりもやや複雑な用語が入ってくるものに料理の説明があります．素材やその形状にそれほどヴァリエーションがない折り紙とちがい，食材や，下ごしらえ・調理法は千差万別．日本語では知っていても英語は知らないという単語もたくさん出てきますし，そもそも日本では見かけない食材もあるでしょう．

　もし本格的に料理のための英語を学びたいのであれば，そうした単語をどんどん覚えていく必要があるでしょう．たとえば 1 日 20 個と決めてシステマティックに覚えてしまうのも効率的です．もちろん，そう簡単には身につかないかもしれません．きっとすぐには使えないでしょう．でも，忘れてしまってもいいのです．たとえすっかり忘れても，実際に英語を使いながら料

理をすれば，そのうちのいくつかが，まるで死者の中から甦る聖人のように頭の中で復活し，みなさんを助けてくれるはずです．

　すでに触れたように「単語は状況の中で覚えなければ意味がない．単語だけ覚えても使えない」という意見がよく聞かれます．たしかに単語帳で覚えただけの単語はいざとなると有機的に自分の英語運用に取り入れられないということはあるでしょう．しかし，だからといって**単語を覚えなくていいということにはなりません．いったん覚えたものを，実際の状況の中で使えば，それらは私たちの血となり肉となって定着していく**．状況の中で覚えることばかりにこだわるのは効率が悪いです．学習の最初の段階ではある程度の「詰め込み」が有効です．そのあとで知識を定着させることを忘れさえしなければ，全体を通してみると学習効率はずっと高くなります．

　というわけで料理の場合はかなり必要な語彙数が多いのですが，必ずしも専門的に料理の世界にかかわっていくつもりのない人であれば，とりあえず語彙の学習はほどほどですませ，別のところに注力してみるのもおもしろいでしょう．

　以下に料理に関する動画のサイトの例を載せます．

♪) **52**

料理に関するウェブサイト

〈Food Network〉
◇Food Network の YouTube 専門チャンネル
　https://www.youtube.com/FoodNetwork
　シンプルな調理法の紹介

〈Gordon Ramsay's Home Cooking〉
◇Gordon Ramsay's Home Cooking を紹介する YouTube チャンネル
（Tsui Hon-Lung）
　　https://www.youtube.com/user/THTHT6279/feed
　　有名なシェフによるテレビシリーズ

〈Cuisinart Culinary School〉
◇Cuisinart Canada の YouTube 専門チャンネル
　https://www.youtube.com/user/CuisinartCanada
　道具の使い方

以下におすすめの練習法をまとめておきます．

　①画面を見ないで音だけを聞き，手順を想像する
　②わからないところはメモする
　③画面を見ながら，英語表現を確認する
　④動詞表現にターゲットをしぼり，メモする
　⑤料理用の語彙をメモする

　料理でも折り紙と同じように空間的な表現が使われます．しかし，こちらは材料の扱い方はさまざまです．peel, add, throw in, beat, stir, leave them alone, とさまざまな動詞表現が使われます．練習としては，料理の説明を見ながら，そこでどんな動詞の表現が使われているかメモしてみるといいでしょう．料理で使う用語は，日常的な状況でも使われる一般的なものが多いです．身の回りのちょっとした振る舞いを英語にするのがうまくいかないという経験をした人は多いでしょうが，こうして言葉にされているのをみると，「なんだ，それでいいのか」と感じるはずです．take, make, put といったごくシンプルな言葉を使い回すだけでかなりの領域がカバーできます．自分で言おうとしてうまくいかないなら，まず他の人がどんな語を使っているのかから確認してみましょう．練習の手順としては折り紙と同じような方法が考えられます．

指示の作法

　料理の説明を見ながら，もう一つ気をつけてみるとおもしろいポイントが

あります．こうした動画の目的ははっきりしています．料理の作り方を示すことです．あらゆる発言は，料理のプロセスの指南へと結びつきます．単純に命令形で Preheat the oven とか Combine eggs and butter といった指示もされますが，華やかなタレント風の料理人が I'm going to put in... とか We're gonna use three cups of... というふうに，まるで手取り足取り導くようにして楽しそうに手順を示してくれることもあります．他方で，Sweet potatoes! Salt! と材料を列挙するだけのこともある．たしかに映像もあるわけですから，余計な言葉を使うよりは，こうして材料を名指すだけのほうがテンポがよくなることもあるでしょう．また複数の人が出ている番組で，I need an egg などと呟くと，別の人がそれを手渡してくれることもある．なるほど，それでいいんだ，と参考になる例です．

　手順の示し方を聞いていると，英語では**どのような対人関係の作法があるか**を学ぶこともできます．言葉を通して他人との距離を調節するとき，どんな方法がとられるかがこうした指南や手順説明に表れるのです．私たちは日本語では無意識のうちにそうした作法を身につけていて，「すいません，〜してもらえますか？」「あ，それ，いいですか？」「それ，やっといて！」というふうに，時と場合に応じて段階別に相手に "お願い" をする方法を知っています．ところがそれを英語でやろうとすると，おそらく日本語での作法を生かそうとするせいでしょう，どう言っていいかわからなくなってしまう．英語にはかなり異なるやり方があるのです．

　Could you...? だけでも何とかなりますが，もっと親しい関係のこともある．いちいちこうした言い方をするのが馴染まない状況はいくらでもありえます．しかし，実は英語でもそうした指示やお願いのための表現はたくさんあるのです．「日本語には敬語があるけど，英語にはない．すべてストレートだ」というのは誤解です．距離の調節機能は，さまざまなレベルで働いている．そうした対応の作法を身につけるためにも，料理の手順説明で視聴者に対してどんな語りかけがなされているかを観察するのはとても役に立ちます．是非，気づいた言い回しを書き留めてみましょう．

　　⑥ "指示" に使われる表現を書き留める

⑦画面を参考にしながら，それぞれのニュアンスの違いを確認する

ヨガのやり方を聞く

　ではこんどは自分の身体と英語表現とがからむ状況をためしてみましょう．

　身体の動きの指示があるものはいろいろありますが，ためしにヨガのポーズの説明動画を見てみます．ヨガでは Lift your arms といった具体的な指示がある一方，We climb up the spine というように，意識の中で想像するだけの動作もあります．ヨガにはどこか催眠術的な側面もあり，インストラクターは日常の話し方とは違う，なんとなく音楽的な語り口になったりします．これもまた英語の語りのヴァリエーションの一つと言えるでしょう．

　以下にヨガ関連のサイトをいくつか示します．これまでの動画の例と同じようにまずは画面を見ないでどれくらい動作が想像できるか試してみてください．

　　　　　　　　　　　　　　　　　　　　　　　　　　　　　♪)) 53

　ヨガに関するウェブサイト

〈Yoga With Adriene〉
◇公式サイトの Free Yoga Videos
　　https://yogawithadriene.com/free-yoga-videos/
◇Yoga With Adriene の YouTube 専門チャンネル
　　https://www.youtube.com/user/yogawithadriene/featured
　　にこやかに説明

〈SarahBethYoga〉
◇Sarah Beth の YouTubu 専門チャンネル
　　https://www.youtube.com/user/SarahBethShow/featured
　　淡々としたドライな指南

〈Boho Beautiful〉
◇公式サイトの Free Video Library
　　https://bohobeautiful.life/videos/?v=24d22e03afb2#sidewidgetarea
◇Boho Beautiful の YouTube 専門チャンネル
　　https://www.youtube.com/user/cexercize/featured
　　日本語字幕のものもある

①画面を見ないで音だけを聞き，手順を想像する
②わからないところはメモする
③画面を見ながら，英語表現を確認する

説明を聞きながら，実際に動作をまねしてみてもいいかもしれません．動作を組み込むと，集中力の持続にもつながりそうです．
　ちなみに身体の動きに言及する用語は，簡単な語が多いわりに教科書でも試験でもなかなか出てこないので，是非メモなどをとりながら聞きたいです．書き出してみると簡単だと思えるのですが，急に耳にすると聞き取れなかったり，咄嗟に自分ではうまく言えないということがあります．たとえば以下のような表現は自分ではなかなか思いつかないのではないでしょうか．

open the shoulders
肩を開く

raise your fingers
指をあげる

taking the gaze down
下に目をやる

follow your breath

呼吸を意識する

one more breath and then exhale
さらに息を吸ってから，吐く

deepen your breath
深く呼吸する

come back to center
真ん中に戻る

extend your right leg straight behind you
右脚をあげて後ろに伸ばす

　ヨガに詳しい人は，こうした表現がどのような動作につながるかすぐにピ
ンとくるかもしれませんが，先ほどの料理と同じでこれらの用語はとくに専
門的なわけではありません．ごく日常的な状況の中でよく使われるものばか
り．ところが，先にも触れたように behind, up, over など単純な語が，必ずし
も日本語とは一対一対応していないので，extend your right leg straight behind
you といった句を映像とともに記憶してしまうのが早道です．自分でも使え
るようになりますし，相手が口にしたときにも対応が早くなる（もちろん，
日常生活で extend your right leg straight behind you といった表現を使う場面はそう頻繁
にあるわけではないでしょうが……）．

ヨガと気分

　身体を動かすための動画はいくらでもあるので，是非いろいろ試してもら
いたいですが，今回，あえてヨガを取り上げたのは，ヨガの説明では身体の
動きと気分とを連動させることが多いからです．たとえば以下のような表現
があります．

Relax your neck, relax your shoulders, soften your jaw, let your head hang heavy and feel your breath travel up and down your spine...

ここでは物理的な身体の動きだけではなく，それを行うときの気持ちの入れ方や，それに伴って生ずる心地などが言及されています．とりわけ relax, release, soften といった語がよく使われる．これらの表現に慣れてくると，英語で微妙な気分を表現する際の感覚が身につくはずです．

　ヨガの指南は，単に動作を教えることだけを目的にしているのではなく，言葉そのものの喚起力を通して心地良さを味わわせリラックスさせることにも意味があります．そのため，話し方にもいろいろ工夫がなされています．上にあげた一節のように，英語的な A, B, and C という列挙の表現が多用され，音楽的な効果が出るよう工夫されるとともに，up and down のような往復的・反復的な言い方もよく出てきます．ぐるぐるめぐるような行ったり来たりの世界に聞き手を引き込むことで忘我の境地に近いものに導こうとしているのかもしれません．日本語ではこうした対句表現は日常言語の中ではそれほど多用されないので，英語ならではの語りの力を味わうにはもってこいだと思います．

　語りがときになめらかすぎて何を言っているのか聞き取りにくいと思えることもあるかもしれませんが，そういうときにはシグナルに気をつけましょう．あらかじめ「ここは同格でどんどんつなげてますよ〜」というシグナルが出ているはずです．このシグナルをうまく受け取れれば，なんだかわからないと思えた言葉の連鎖が実は名詞の列挙にすぎない，元になる構文はごく単純である，途中からでも十分追いつける，といったこともわかってきます．こうした同格や連鎖のレトリックも，日常会話でよく使われるものですから，耳を慣らしておきたいものです．

四技能より三次元

　こうして映像を使ってみると，あらためて現実のリスニングは，音だけで

行われることがあまりないことが痛感されます．**必ずそこに人がいたり，物があったり，映像が流れたりしている**．もちろん，練習のために音だけに集中して耳を澄ますというのはとても役に立つので，そうやって耳を鍛える訓練は続けたいですが，視覚情報その他を元に音を聞き取るという練習もしていいと思います．もし現実に英語を使う場面を想定することにこだわるなら，むしろ視覚，触覚，嗅覚などから得られるさまざまな情報をうまく利用して音を聞き取るという練習をしてもいいくらいです．

　映像があるとよけいなヒントになってしまってリスニングの勉強なのかどうかわからなくなるという意見もあるかもしれません．たしかに「一点聞き」の練習のように，特定の領域で集中的なトレーニングをすることにも意味はあります．しかし，これが行きすぎると，悪しき四技能分断主義の典型となってしまいます．言葉の運用はさまざまな技能が組み合わさり，さまざまなシグナルをとらえることでこそなされる．ですから，ほんとうに大切なのはそうした連携の力を鍛えることなのです．個別の練習もあくまでその先を見据えて行われるべきでしょう．

　私たちは他者の言葉を聞くとき，その口の動きをも聞き，さらには知らず知らずのうちにその動きを反復してさえいるかもしれません．もしそうであるなら，将来的には，リスニングの試験も相手の顔が動画で流れ，唇の動きとか，笑顔とかが見える形で行われたほうが合理的だと考えられるようになるでしょう．そうした動きを先取りするくらいの気持ちで，映像を上手に生かした練習を取り入れたいです．

第11章の ポイント

- ☐ 空間や位置がどう表現されているかを聞く
- ☐ 「する」を表す言葉のヴァリエーションを聞く
- ☐ 指示を聞きながら，具体的な動きを想像する
- ☐ 指示を聞きながら，実際に動作や作業を行ってみる
- ☐ 指示の言葉の特徴を書き留める

第12章　人間を理解する
言葉を聞くことの意味

言葉は「物」なのか？

　一般に英語の授業や試験では，リスニングといえば「聞き取り技術」の習得を目指すのが通例です．この技術編でも，どのように英語を聞き取るかに重点をおき，そのための心構えや訓練法を示しました．

　しかし，このようなアプローチだけでは，ほんとうの意味で言葉を聞くには十分ではありません．なぜなら，言葉が「物」としてしか扱われていないからです．もちろん言葉にはツールという側面もあります．私たちにとって，とても役立つ物です．しかし，しつこく言いますが，言葉は言葉だけで完結するものではない．必ずそれを使う「人間」というファクターがからんできます．モヤモヤした，いかにも人間的なわかりにくい部分がどうしても入ってくるのです．英語教育にもこうした視点が必要でしょう．理論編ではそのあたりをかなり詳しく説明したつもりです．第9章でもこの「人間」というファクターを考慮に入れるため，切れ目や間といったポイントと関係づけつつ，話者の「シグナル」や「強調」という視点を取り入れました．こうすることで，言葉の周囲にある「人間的なコンテクスト」に注意を向けることができます．この章でもそうした視点を発展させる形で，この人間的コンテクストについてもう少し取り組んでみましょう．

　そもそもリスニングを通して私たちは何を聞いているのでしょう．リスニングというと物理的に発せられた「音」を追いかけることに夢中になりがちです．すでに第1章でもその弊害は指摘しましたが，問題の大元にあるのは「人間的なコンテクスト」への理解の欠如でもあります．リスニングで大事

なのは音声そのものよりも，音声がその一部を成している言葉なのであり，ひいてはその背後にいる人間です．比喩的な言い方をすれば，私たちは「人間を聞いている」わけです．

「人間を聞く」とは？

　では「人間を聞く」とは，具体的にはどういうことを意味するのでしょう．たとえば第9章でも触れたように，相手の意図やシグナルを読む，強調したい点をとらえる，逆に触れてほしくない点は深入りしない，場合によってはたくらみを見抜く，といったことがあげられるでしょう．この章でとくに注目したいのは，情緒や態度といった要素です．

　外国語学習の場では，言葉の情緒的な面はとかく軽視されがちでした．というのも，西洋文明の移入に一生懸命だった時代から，言葉は何より「知」と結びついてきたからです．知識を得たり考え方を体得したりするためにその情報的・理知的側面に重きをおいて学習を進めることが先決とされてきたのです．

　この30年ほどは，英語学習の重点は読み書きを中心にしたものからオーラルと呼ばれる口頭でのやり取りを重視するものに変わってきましたが，相変わらず言葉の理解はごく表層的なものにとどまり，話者が示すニュアンスをとらえるような練習はあまりなされていません．これは「オーラル・コミュニケーション」の看板を掲げつつも，その背景にあるのが，「役に立つ」「実用」といったフレーズに示されているような，**効率的な情報交換のモデル**だからでしょう．そこにはもはや，かつてのような西洋的「知」への憧れすらなく，ひたすら言葉を「物」として便利に使おうとする姿勢しか残っていません．「パーティでわいわいしゃべれるような英語を身につけよう」と言っている人が，実際には他者の人間的側面にほとんど関心がなく，情報交換しか念頭においていないというのはまったく皮肉なことです．

　つまり，オーラル・コミュニケーションを理念として掲げつつも，そこでは「実用」とか「ビジネス」といった理念が強引に掛け合わせられているために，本来のオーラル・コミュニケーションが持つ潜在力を生かせていない

というのが日本の英語教育の現状なのです．これでは，いくら「オーラル」の理念を掲げても，口頭でのコミュニケーションの能力がいっこうに育ってこないわけです．そこに欠けているのは，オーラル・コミュニケーションとは何か？　文書や図面ではなく，わざわざ口頭でやり取りするときには，人間の心の中でいったい何が起きているのか？　といった問いに対する考察です．

　私たちがわざわざ直接人と会ってやり取りするとき，確実に付加的な要素としてからんでくるのは，感情的なものを含めたさまざまな人間の「態度」です．こうした要素は「潤いを与える」「なごむ」といった言葉遣いでごく副次的な要素として言及されることもありますが，実は情緒的な言葉のやり取りには，より本質的な働きがあります．以下，そのあたりを確認してみましょう．

欲望を聞く

　第8章で参照した例文をもう一度使って考えてみましょう．

②•))54

Laura: Did you eat yet?

John: No, did you?

Laura: No, but I am hungry. What do you want?

John: Um, I don't know. Could you just make some of your delicious chicken salad?

Laura: <u>Do you know how long that takes?</u> I don't feel like it. You wouldn't want just to go out, <u>would you?</u>

John: <u>I already told you</u> we're short on money this week. You don't listen to me, do you?

Laura: Yeah, I heard. You wouldn't want to go to the store, then, would you?

> **John:** Sure. What do you want?

　この会話例では，食事を<u>いつ</u>するのか，<u>何を</u>食べるのか，といったことについて具体的な協議が行われています．「チキンサラダが食べたい」「作るのに時間がかかるし面倒くさい」「外食するのはお金がもったいない」といった意見が交換されています．

　しかし，このような具体的な行動指針の確認を行いつつも，より重要なことがあります．下線で示した部分に注目しましょう．"Do you know how long that takes?"（「チキンサラダを作るのがどれくらい手間かわかってんの？」），"...would you?"（「出たくはないんでしょ？」），"I already told you..."（「言っただろ」）といった言葉がさりげなく差し挟まれています．これらが示すのは，この会話が単なる情報のやり取りや確認ではなく，交渉であり，**態度と態度のぶつかり合い**だということです．そしてより重要なのは，このやり取りが最終的に共通見解の醸成に向けての足場固めになっているということでもあります．

　そこでもっとも大事なのは「したい」「しよう」という気分の交流です．難しい言い方をすれば，それは**「欲望」の摺り合わせ**なのです．ときに微妙な，ときにぐっと押しの利いた言葉のニュアンスを通し，「あなたは何がしたいの？」「私はそれについてはこう思う」といった「気持ち」を差し出し合う．ここでは，言葉の表面に表れていないレベルも含めて，相手と自分とが単なる情報としてではなく，「人間」として面と向かっています．テクスト上では，言葉と言葉の絡み合いに見えるかもしれませんが，実際には人の感情や，ひいては情念さえもかかわっています．

　ここで会話の本当の土台になっているのは「私が<u>何を</u>したいか」よりも——つまり「情報」そのものよりも——「何を」の外にある，「私は……<u>したい</u>」のほうです．チキンサラダにするのか外食するのか，といったことは慎重の上に慎重を期して協議されるほどのことではありません．はっきり言ってどちらでもいい．いや，ほんとうに重要なことなら，会話で決めるよりも書面の交換が必要となるでしょう．あるいは協議するまでもなく，おのずと結論が出る．所詮，この程度の会話で決められることなど，たいしたことではな

いのです.

　にもかかわらず，チキンサラダにするのかどうか，外食するのか家で食べるのか，といったことについて日々私たちは会話を交わす．それは会話をすることが，情報よりも共感や反発のやり取りにつながるからです．情動のやり取りと言ってもいい．意味があるのは「何を」より，その「何を」をめぐる各人の態度のかかわり合いそのものなのです.

　言葉はコミュニケーションの道具だと言われますが，こと言語学習となると，多くの人はそれを単なる情報の伝達と決めつける．情報には上に引用したように，言葉として，データとして残されうる「内容」の部分ももちろんありますが，それが誰かに対して発せられている以上，「意向」「希望」「感情」などを含めた広い意味での「態度」の部分がきわめて重要で，そこについて十分に理解しないまま，言葉を情報伝達のための「ツール」としか見なさないことで，さまざまな誤解や不具合が生じてしまいます．リスニングを高速暗号の解読と見る人たちの根にもこうした誤解があります.

　「態度」は文字情報として表すのが難しいものです．語気やイントネーションだけでなく，視線やジェスチャー，タイミング，場所，ムードなどからも複合的な影響を受ける．だからこそ，文学や映画の作品では，作り手は一般の読者や観客が意識しないような微細な表現の揺れにまで気を遣い，与えられた言語や映像などのメディアを最大限に活用して「態度」の全体を表現しようとします.

　現実の会話でもこうしたメディアの表現にまさるとも劣らないきわめて複雑なやり取りがごくふつうに行われています．私たちはそうしたコード化で鍛えられているから，メディアの表現から意味を読み取ることができるわけですが，逆にメディアを通して感情表現の作法について学ぶということもあるでしょう．ごく些細なやり取りの中で——チキンサラダにするか，外食するかといった情報のやり取り——「態度」が表明され，それに対する拒絶や受け入れがあり，またそれに対する反応があり，といったプロセスが進行している．私たちは心のどこかで，気づかないうちに情動を読み取るための決まりを体得しています．何らかの文法が，私たちの中にもあるのです．しかし，それはあくまで母国語の場合です．外国語であれば，学習してこの文法

を身につける必要があります.

何を勉強すればいいか?

　ではこのように態度を読み取ったり，自分で表現したりできるようになるためには，どのような学習をしたらいいでしょう．あらためて頭に入れておきたいのは，コミュニケーションが態度をめぐる摺り合わせをも含む以上，〈情報の発信〉→〈情報の受信〉というコミュニケーションのモデルでは不十分だということです．実際の会話では，このプロセスで説明しきれるものはむしろ少ないのです.

　私たちがとくに意識すべきは，次の二つの段階です.

　　(1) コンテクスト（文脈）の設定
　　(2) 誤差の修正

　オーラル・コミュニケーションにおける「コンテクスト」とは何か．ごくビジネスライクな状況を想定しても簡単に想像がつきます．通常，私たちのやり取りでは，電話であろうと，受付に寄る場合であろうと，まずは「用件は何でしょうか？」という問いが出てきます．いきなり情報がやり取りされる前に，「そもそもあなたは誰？」「何でここにいるの？」という問いが立つ．そうでなければ，相手も話を前に進められません.

　もちろん，この問いは双方向的なものです．用件を持っている側の「コンテクスト」だけでなく，用件を受けつける側の「コンテクスト」も明らかにならなければなりません．受付に立ち寄る側は，「あなたはほんとうに私が必要としているものを私に提供することができるのか？」という問いを携えているはずです.

　私たちは誰かと共同作業を始めるに際して，意識するとしないとにかかわらず「私たちはなぜ共同して事をなさねばならないのか」ということについての合意を形成します．それは「よし，この障害物を道路からどけよう」というものであるかもしれないし，「これからお茶を飲んでいる間，適当に雑

談しよう」というものかもしれない．あるいは先の例のように，「ご飯をどうするかについて話し合おう」というものでもありうる．いずれにしても大事なのは，両者がまったく別の目的なり状況なりを念頭においていないということを，お互いが納得しているということです．この目的や状況が，広い意味での「コンテクスト」です．「場」と言い換えてもいい．両者が同じ「場」にいることが確認できてはじめて，私たちはコミュニケーションを開始することができる．

　ちなみに，特定の番号へ電話をかけたり，特定の場所へ立ち寄ったりすれば，その行為の中にすでに「用件」が何かを示す符牒は含まれています．暗黙のうちに「用件」をめぐる合意は含意されているとも言えるでしょう．よく「［次へ］のボタンを押すことで自動的に規約に同意したとみなされます」といった但し書きがオンライン・フォームにあったりしますが，それと同じでしょう．ということは突然の「話しかけ」，とくにその「話しかけ」が想定されていないような状況での急な話しかけでは（たとえば山手線の車内で隣に立っている人に話しかけるといった場合），なぜ話しかけるのか，用件は何なのか，ということをまずは確実に示す必要があります．そういう場合には，「コンテクストの設定」のためにそれなりの努力がいるでしょう．

　こうした状況で私たちが頭に入れるべきは次の三点です．

（1）口頭のコミュニケーションでは「コンテクストの設定」にあたって**誤解が生ずるのが当たり前である**ということ．口頭でのやり取りとは，少しずつ「ずれ」を解消するプロセスそのものに意味があるとさえ考えられます．その過程にこそ「会話」の意味がある．ずれを解消するという行為を通して，私たちは相手を知っていくわけです．

（2）だから，会話の発端は**「どこがずれているか」を確認することから始まる**と言えます．実際，はじめて会った人同士がコミュニケーションを始める際には，たいてい相手に対する「問い」から始めます．これはお互いが相手を知らない，誤解しているかもしれない，という前提から人間関係が出発しているということのあらわれでしょう．

(3)「誤解の解消」が口頭のコミュニケーションで大事になるとするなら，**このプロセスを助ける言い回しや，その過程にかかわりやすい「態度」やその文法を学習しておくこと**が助けになります．

問いなのか，断定なのか，何を問うているのか

次にあげるのは，BBCの〈Hardtalk〉というインタビュー番組です．インタビューは通常特定の人物の人柄や仕事ぶり，信念などを紹介することを目的とします．しかし，そのプロセスは，単なる情報の「発信」「受信」ではすみません．むしろ絶えざるコンテクストの確認と誤差の修正から成り立っています．そのこともあって，フォーマルな要素を残しつつも，日常会話にかなり近いところもあります．日本語でのやり取りほどではありませんが，相手への働きかけに伴う文法からの逸脱や中断，言い直し，躊躇などが耳に入るでしょう．それがかえって話し言葉ならではの勢いや説得力にもつながっているところはおもしろいです．ここまでくると，少々レベルが高いと感じられるかもしれませんが，念のため，ところどころに訳もつけてありますので，まずは音声の全体を聞いてもらえればと思います．[1]

特定の人物へのインタビュー　•)) 55

◇"Screenwriter and LGBTQ Activist Dustin Lance Black", BBC Hardtalk
http://www.bbc.co.uk/programmes/p056hnb7

どんな話だかおわかりになったでしょうか．これはアメリカの脚本家Dustin Lance Black氏に対して行われたインタビューです．彼は同性愛者であることを現在では公表していますが，自分がゲイであることを知ったのは幼い頃でした．彼が生まれ育った地域が保守的でモルモン教徒の多い地域だっ

たこともあり，これは彼にとってきわめて難しい問題を引き起こします．

　では，細部を確認していきましょう（ここで取り上げるのは，インタビュー全体における 03:13-03:33 の時間帯）.[2]

»)) 56

Interviewer: [...] you had an awareness of being different, and of being gay, whether you put it that way to yourself or not; you had an awareness that you are different very early in your childhood.

Black: Oh, sure.

Interviewer: And that was something that in the community you came from, the religion that you were born into, that was tough.

Black: You mean with the Mormons?

Interviewer: Hm.

Black: Yeah.

Interviewer: Your mother was a pretty observant Mormon, wasn't she?

[訳]

インタビュアー：[…] 自分が違うということに，そしてゲイだということに，気づいていたわけですね．はっきりそういう言葉にしたかどうかは別として．かなり小さい頃から，自分は違うとわかっていた．

ブラック：はい，そうです．

インタビュアー：これはあなたの生まれた地域，あなたの宗教的な環境を考えると，たいへんなことでした．

ブラック：それはモルモン教のこと？

インタビュアー：そう．

ブラック：そうですねえ．

インタビュアー：お母さんはとても敬虔なモルモン教徒だったのですよね？

インタビューなので二人のやり取りは，基本的には「インタビュアーによる質問」→「ゲストによる答え」という流れになるわけですが，ときおり質問→答えという流れが逆方向となり，Black 氏のほうがインタビュアーに質問をすることもあります．彼からの質問の「意図」をたずねたりするときです．ここでは，インタビュアーがモルモン教とははっきり言わず，あえて「宗教的な環境」というぼかした言い方をしたとき，Black 氏が「それはモルモン教のこと？」とたずねます．

　このような意図確認は，こうしたインタビュー番組のようにある程度フォーマルな会話ではよく見られます．コンテクストの共有や誤差の修正のためにはきわめて有効な方法でしょう．そこでよく使われるオーソドックスな表現は以下のようなものです．

　　You mean...? / Are you saying that...? / Are you suggesting that...?

もう少し「確認」のニュアンスが強いものには，以下のようなものがあります．

　　So, you are saying that... / OK. What you are suggesting is that...

逆にまったく質問がわからなかったという場合は，次のようなごく基本的な表現があります．

　　What? / Say it again? / Sorry? / Pardon?

また，単に間を置いて「は？」という顔をしたり，身を乗り出したりするだけでも「よくわかりません」という態度を伝えることはできます．ただ，注意しなくてはいけないのは，日本語では比較的頻繁に聞き手が相づちを打って反応を示す習慣があるのに対し，少なくとも英語圏では相手が話している間は，もし内容について誤解や疑念の余地がないなら，ただじっと相手の目をみながら話を聞くほうがふつうだということです．頻繁に相づちを打たな

くても，目を見ているだけでこちらが相手の話していることがわかっている
シグナルになります．もちろん，日本式に頻繁に相づちを打っても悪くはあ
りませんが，ある程度，相手のやり方に合わせたほうが，向こうも自然な気
持ちでやり取りができる可能性があります．

キーワードを聞く

　以下は同じインタビューの続きです（インタビュー全体における 03:39-04:10
の時間帯）.[3] ここで音声を聞きながらスクリプトを見て，話し手の力点がど
こにあるか，キーワードと思えるところに印をつけてみると，いろいろと気
づくことがあります．

))) **57**

Black: […] I was very devout Mormon, growing up. So I believed
when I was hearing, including around seven years old...um...the
church beamed in the mormon prophet from Salt Lake city, we
were living out in Texas, and they lowered the screen, his white-
haired, you know, face came on that screen, very, very impos-
ing...
Interviewer: As close to God as you could probably...
Black: I mean, it was very God-like. It was very intimidating.
And I'll never forget him saying next to the sin of murder comes
the sin of sexual impurity, homosexuality.

[訳]
ブラック：［…］僕は，とても敬虔なモルモン教徒として育ちました．だか
らほんとに信じたんですよ，たとえば七歳の頃だったかな，教会でね，モ
ルモン教の預言者がソルトレイクシティから放送するわけですよ．そのこ
ろ僕らはテキサスに住んでいたんだけど，スクリーンが下りてきて，白髪

頭の顔がね，映し出される．すごい迫力ですよ．

インタビュアー：とにかく神のような……．

ブラック：ほんとに神みたいでした．威圧的だった．忘れられないのはね，殺人の次に重い罪は，不純な性癖，同性愛だと彼が言ったことなんです．

以下，印をつけた例です．

») **57**

Black: I was very devout Mormon, growing up. So I believed when I was hearing, including around seven years old...um...the church beamed in the mormon prophet from Salt Lake city, we were living out in Texas, and they lowered the screen, his white-haired, you know, face came on their screen, <u>very, very imposing</u>...

Interviewer: As close to God as you could probably...

Black: I mean, it was very <u>God-like</u>. It was very <u>intimidating</u>. And I'll never forget him saying next to the sin of <u>murder</u> comes the sin of <u>sexual impurity, homosexuality</u>.

　ここでは，映像として映し出された顔の恐ろしさが強調されています．英語ではあまり割り込みがないと私は言いましたが，おそらく Black 氏があまりに芝居がかった話し方をしているためでしょう，インタビュアーも割り込み OK と感じたようでツッコミを入れています．Black 氏は imposing とか intimidating といった言い方をして，モルモン教の預言者の権威を強調しているようです．

　このあたりでは強調したい部分はゆっくりしゃべったり，あれこれ言い換えたりというふうに十分に間をとっているのがわかります．逆に，スピードをあげることで緊張感を高め，注目を引いているところもあります．「顔」

のところなどがそうです．そしてその延長上で「同性愛」（homosexuality）という言葉が出てくる．構文からも，この語が強調されていることはわかるでしょうが，何と言ってもそこに至るまでに homosexuality という語ににじり寄るように進んでいくテンポとリズムが，この語に力点が置かれていることを示していると感じられます．

　この作業を通してもわかりますが，聞き手はかなりの程度相手のしゃべり方を通して単語や文法的な知識の欠如を補うことができそうです．また，日本語ほどではないとはいえ，英語でも話し言葉では多少の文法的な逸脱は起きやすい．ポイントは文法的であることよりも，相手に伝わるかどうかにあります．それを支えるためのテンポやリズムであり，声色である．しかし，逆に，そうした声色を理解するために文法的な知識が助けにもなりえます．

主張なのか，例なのか，仮定なのか

　もう一つ，この素材でできる練習を確認しておきましょう．話し手の真意の把握の練習です．通例，日本語と同じように英語でも，自分が肯定的な意見を持っている場合と，否定的な意見を持っている場合では，声色や語調などが対照的になります．ただ，話の内容が込み入ってきたり，抽象的な事柄に立ち入ったりすると，どちらがどちらなのかの判別が難しくもなる．したがって肯定と否定，話者が距離を置いている内容と，話者の真の主張にあたる内容とを聞き分ける練習が大事になります．

　第4章でもやった練習がここでも使えるでしょう．方法としては，音声を聞きながらそのセリフの中で Black 氏が自分自身の見解ではなく，他人の見解や一般的なルールとして言っているスクリプトの部分に下線を引いてみるといったことが考えられます．もちろんスクリプトなしで，音声を聞きながら他人の見解や一般論にあたる部分をメモする，ということができれば，より高度な練習にもなります．用意したのは，インタビューのクライマックスにあたる箇所で，ここでは Black 氏が母親に自分が同性愛者であることを告白したときのことを回想しています（インタビュー全体における 06:00-07:10 の時間帯）.[4]

Interviewer: You took the decision. You came out to your mother. It must have been very difficult but, I think, when you were twenty-one.

Black: Yeah, I was, I was twenty-one years old. I didn't mean to come out. She was—uh, we were in the military. We were living in Washington D.C. now, and I was just home for Christmas. And we just would sit up and talk all night long. Um...and you have to understand my mom had been paralyzed from a young age. So she was very different, too, but she remained very, very conservative. And, at a certain point, I just wasn't giving anything to the conversation. I wasn't speaking. So she filled in all the blanks. So she was very mad about this thing called "Don't ask, don't tell", which was a law at the time, that as long as no one found out you were a gay.

Interviewer: You could be gay in the military as long as you didn't say you were gay.

Black: As long as you kept it quiet. Which was basically saying, stay in the closet who you are and what you are, shameful, and it not only hurt the people in the military but the kids. My mom didn't see it that way. She was angry 'cause it let gay and lesbian people in in any form. These people, she'd been taught were, you know, ...were next to murderers in terms of sin. And these people who were wrong and sick and broken, and she just kept going on and on about it, and I came out, because at a certain point, even though I was literally praying not to, I could feel the warmth of my tears at my cheeks...

インタビュアー：そこであなたは決断した．お母さんにカミングアウトしました．たいへんだったと思いますが，21 歳のときで．

ブラック：そう，21 歳でした．カミングアウトするつもりはなかった．彼女は……僕らは軍にいた．その頃はワシントン D.C. に住んでました．クリスマスで実家に戻っていたんです．夜更けまで起きていて，いろいろ語り合ったりしていた．あのね，僕の母は若い頃からずっと身体が麻痺してるんですよ．彼女だって，他の人とまったく違う．でもずっと，すごく保守的だった．それでね，ある時点のことです．僕からはとくに何も言ってなかった．僕のほうは黙っていたんです．で，間が空くとしゃべるのは母だった．彼女が怒っていたのは例の「聞かない，言わない」の方針のことでね，法律にもなっていたけど．ゲイだってことがわかりさえしなければというやつです．

インタビュアー：ゲイでも軍隊に入れる，ただし自分がゲイだってことを言いさえしなければ，ということですね．

ブラック：黙ってさえいればいい，というわけです．これって要するに，隠しておけということですね．自分が誰なのか，どんな人間なのか，恥を抱えていろ，と．軍隊の人だけじゃなくて，子どもも傷ついた．でも，母の見方は違った．彼女が怒っていたのは，この方針で同性愛の人たちが，どんな形であれ，許容されることだった．母が教わったのは，同性愛者たちがほとんど殺人者と同じくらい罪深いということだった．この人たちはおかしい，不健全だ，病んでいる，と彼女は言いつのるんです．で，僕は本当のことを言った．っていうのも，あるところで，文字通りそうならないよう神にもすがる思いだったのに，頬に涙の温かみを感じてしまった．

Don't Ask, Don't Tell（「聞かざる言わざる」）とは，ゲイであることを隠しさえすれば軍隊に入隊することができる，という政策でした．導入当時はゲイにやさしい政策と考えられたようです．この政策以前は，ゲイの兵士の入隊は禁止されていたからです．しかしこの決まりでは，自分が同性愛者であることを隠すことが義務となっていて，もし同性愛を認めると除隊になってしまいます．

　しかし，保守的な母親はまさにこの政策が許せないと考えたようです．彼女にとっては同性愛者に居場所を与えること自体がありえないことだった．

それなのに，ほかならぬ彼女自身の息子が同性愛者だったわけです．母親は
あまりのショックに Why would you choose this?「どうしてゲイになんかにな
るの？」と息子に訊きます．それに対し，息子は「母さんだって自分で障害
を選んだわけじゃないだろう？　それと同じだよ」と返します．この箇所は
感動なしには聞けない部分でしょう．このあと，長い時間をかけて Black 氏
は少しずつ母のゲイに対する偏見をのぞいていったそうです．彼のゲイの友
人たち一人一人と会って話を聞いているうちに，彼女も偏見を乗り越えてい
きます．

　このようにさまざまな見解を引用しながら話が展開されるとき，話者自身
の主張と他の人の主張とを区別することがとても大事になります．

　この作業はリスニングの練習として役に立つとともに，文章の構造につい
て大事なことを示唆してくれます．仮定法の条件節（if 節）にあたる部分は
わりに長めに続くことがあるということです．ある程度知的な会話では，
「仮定的思考」をすることが多いからでしょう．逆に「仮定的思考」を盛り
込んだ議論は，丁寧で，証拠にもあふれ，対話的で説得的になされていると
みなせます．可能ならば自分でもおおいに活用すべきでしょう．

　また「例示」はこうした「仮定的思考」ともよく似た議論の方法です．自
分の主張として言っているのではなく，「～という意見の人がいる」という
ふうに，他人の考え方や見方，主張などを紹介するのです．こうした紹介や
仮定の部分を，話者の主張だととりちがえると大きな誤解をしてしまうこと
になります．話者の実際の主張は，例示や仮定としてあげられた意見とは正
反対であることも多いからです．

　とくに「仮定」の部分が明瞭に if 節で導かれていればわかるのですが，
たいていは if という語がなかったり，「人々は～と言ったり，～と言ったり
するものだ」というふうに長々と列挙が続いたりします．このあたりがうま
くとらえられないと，相手の言葉の形は聞き取れても，その真意を逃してし
まうことになります．

　こうした状況でも，間合いやテンポを受け止めることが大事になります．
仮定を導いたり，例をならべたてたりするときには，間をおかず連続的にテ
ンポよく話を続けることで「あくまで例にすぎないので急ぎ足でいきます」

というシグナルが出されるからです．上のインタビューでもそうしたテンポの違いを聞き取ることができます．

下線で示したのは仮定的に語られたり，他の人の意見として引用されたりしている部分です．あらためて音声を聞きながら，口調のちがいに耳を向けてみましょう．

•)) 58

Interviewer: You took the decision. You came out to your mother. It must have been very difficult but, I think, when you were twenty-one.

Black: Yeah, I was, I was twenty-one years old. I didn't mean to come out. She was—uh, we were in the military. We were living in Washington D.C. now, and I was just home for Christmas. And we just would sit up and talk all night long. Um...and you have to understand my mom had been paralyzed from a young age. So she was very different, too, but she remained very, very conservative. And, at a certain point, I just wasn't giving anything to the conversation. I wasn't speaking. So she filled in all the blanks. So she was very mad about this thing called "Don't ask, don't tell", which was a law at the time, that as long as no one found out you were a gay.

Interviewer: You could be gay in the military as long as you didn't say you were gay.

Black: As long as you kept it quiet. Which was basically saying, stay in the closet who you are and what you are, shameful, and it not only hurt the people in the military but the kids. My mom didn't see it that way. She was angry 'cause it let gay and lesbian people in in any form. These people, she'd been taught were, you know, ...were next to murderers in terms of sin. And these

> people who were wrong and sick and broken, and she just kept going on and on about it, and I came out, because at a certain point, even though I was literally praying not to, I could feel the warmth of my tears at my cheeks...

いかがでしょう．こうしてみると，否定なのか肯定なのか，仮想なのか現実なのか，といったポイントを聞き分けることができれば，具体例とメインの議論との間を行ったり来たりする話の流れもフォローできるようになります．日本語では私たちはほとんど無意識のうちにこうした作業を行っていますが，母語であっても誤解は発生します．ましてや外国語となれば，他のことにエネルギーがとられたりして思うように言葉が拾えず，話の流れもわからなくなる．これはもっとも難しい領域なのです．リスニングだけでなく，読解問題でもしばしばこうした箇所を問う設問が出題されるのもそのためです．しかし，「人間を聞く」という目標のためにはまさにここが頑張りどころでもあります．他の練習ともあわせ，こうした領域に意識を向けた練習を重ねておきたいところです．

第12章の**ポイント**

- ☐ **コミュニケーションは単なるメッセージの受け渡しではない**
- ☐ **コンテクスト共有のための準備**
- ☐ **いかに誤差を修正するか**
- ☐ **人間を聞くとはどういうことか**

おわりに

　私は「英語リスニングの達人」ではありません．リスニングが得意どころか，むしろ苦手と言っていいくらいです．話し相手が何を言っているかわからないことはよくあるし，映画や討論番組の聞き取りもうまくいかないことがある．

　リスニングが下手なくせにリスニングの本など書くな，と言いたい方もおられるでしょう．しかし，むしろ下手だからこそ書いたのだ，と私は反論したいと思います．リスニングで苦労していなければ，その大事さや難しさについてあれこれ考えたりすることはなかったでしょう．うまくいかないからこそ，「どうしたらうまくいくだろう」と人は悩む．そういう意味ではこの本の想定読者は私自身です．リスニングで苦労してきた自分のために，どんな訓練の方法があるのか考え，とりあえずこのような形に結実させました．

　私は英語の受容という意味ではかなりめぐまれた環境にありました．5歳までは英語圏ですごし，かつては日本語よりも英語の方がうまく扱えたくらいです．帰国後，私の英語はいったんゼロになりますが，残ったものはあったはずです．その後私が通った中学，高校，大学は英語に関してそれなりに先進的で，さまざまな学習機会を提供してくれました．大学院では英文学を専門にしたこともあり，英語との付き合いはますます深まり，20代の後半には英語圏に長期留学もしています．英語を日本語話者に教える経験としては，幼児，小学生，中学生，高校生，大学生，そして大学院生，成人一般とあらゆる年齢の人を相手にしてきました．

　しかし，自分の英語力については「それでこの程度か」というのが私の偽らざる感想です．こんなに時間をかけて英語と接している私がこの程度なのだから，忙しくて英語の勉強に割ける時間が限られている人はほんとうにた

いへんだなと思います．この本がそういう人の助けになれば嬉しいです．

　もちろん，何の苦労もなく英語を身につけておられる人もいる．でも，それは少数派です．日本語話者にとって英語の習得は難しいのです．マーク・ピーターセン『日本人の英語』（岩波新書，1988 年）のような本がよく読まれたりするのはそのためでしょう．そんな状況ですから，国際的な英語指導法や英語話者が好む教え方に無理にこだわらず，日本語話者がなぜ英語の習得で苦労するのか，その理由をよく考えたうえで，私たちにとってほんとうに必要な練習法を考えていく必要があります．本書がそうしたプロセスの一環になればと期待しています．

　本文中で触れたもの以外で，リスニングの助けになる書物をいくつか紹介しておきましょう．竹下光彦さんの『英語は「リズム」で 9 割通じる！』（青春新書，2013 年）は，リズムという観点からリスニングのコツを教える本です．練習問題というよりは，まずはここに注目してみよう，と入り口まで連れて行ってくれます．私自身大いに共感するところがありました．内田富男さんの『聞く英語』（アルク，2019 年）は，情報をポイントで聞く，難所を克服するというスタイルで，ターゲットに絞って練習問題を収集し，さまざまな訓練に役立つ問題集になっています．西藤浩子さんの『英語リスニングのお医者さん［改訂新版］』（ジャパンタイムズ，2009 年）は人気のシリーズで，タイトルの通り，日本語話者にとってとりわけ対処が難しい音に注目しながら，手ほどきをしてくれます．聞き取りで苦労したことのある人にとってはおおいに助けになる本でしょう．本書では，音の細部にこだわりすぎると大事なところを取り逃すとも言いましたが，そうしたアプローチを全否定するつもりはありません．適度にバランスをとりながら，必要に応じてこうした知見も参考にしていただきたいです．またそうした知識を通して，英語の音声に専門的な興味を抱く人が出てきてもいいのではないかとも思っています．そのあたり，詳しめのアプローチということで言えば，牧野武彦さんの『日本人のための英語音声学レッスン』（大修館書店，2005 年）なども参考になるでしょう．

リーディングやライティングとはちがい，リスニングに関してはまだまだ訓練方法は洗練の余地があると思います．「こんないい方法があるよ！」という提案があれば，是非，みなで共有して学習方法の改善に結びつけられればと思います．また，多かれ早かれ AI やロボットを使った練習も普及することになるでしょう．人間そっくりの相手と練習することで，四技能などといった機械的な区分けにこだわらない，総合的な英語運用の訓練ができるようになる．そんな日がすぐそこまで来ているのではないかと思います．本書の終盤でも強調した，リズムや呼吸，間合い，さらには意向，欲望といった要素も含めて，限りなく「人間的」な場が仮想現実として用意されるのかもしれません．

　そうなったとき，聞くとはどういうことか，言葉を使うとはどういう行為なのか，といった問いについて，私たちはどのように答えることになるでしょう．今までとは根本的に異なる新しい言語観が生まれるのか．あるいはあらためて「毛づくろい」につながるようなコミュニケーションの効果が再発見されるのか．言語とは何か？　何のために外国語を学ぶのか？　今ほどこうした問いが迫真性を持つ時代はありません．安易な答えを出す前に，考えるプロセスを楽しみたいです．

　本書の音声は上智大学外国語学部准教授のローレンス・ウィリアムズさんと，出版エージェンシー「ペーパークレーン」代表のエリカ・ウィリアムズさんのご夫妻にお願いしました．お二人の声に耳を傾けるだけでリスニング練習の楽しさを感じていただけるかもしれません．刊行にあたっては，東京大学出版会の小暮明さんの手を煩わせました．小暮さんのお世話になるのはこれで単著だけでも 4 冊目です．散々遅延していたわりに急にギアをあげたりする著者と辛抱強く付き合ってくださったこと，ほんとうに感謝いたします．

　2020 年 8 月

阿部公彦

注

はじめに

1 中森誉之『技能を統合した英語学習のすすめ——小学校・中学校・高等学校での工夫と留意』ひつじ書房，2018 年，17 頁.

I　理論編

第 2 章

1 傳田光洋『皮膚感覚と人間のこころ』新潮選書，2013 年.

2 ポール・グライス『論理と会話』清塚邦彦訳，勁草書房，1998 年，37-39 頁.

3 武田百合子『日日雑記』中公文庫，1997 年，97-98 頁.

第 3 章

1 平井正穂編『イギリス名詩選』岩波文庫，1990 年，160-163 頁.

2 東後勝明『英会話のリズムとイントネーション』金星堂，1979 年，10 頁.

3 同上，10-11 頁.

4 マーティン・ルーサー・キング・ジュニア牧師の「私には夢がある」("I Have a Dream") として知られる演説．ワシントン D.C. で 1963 年 8 月 28 日に行われた．Copyright © 1963 by Dr. Martin Luther King, Jr. Renewed © 1991 by Coretta Scott King.

5 James Bennet, "We Were Planning an Inequality Project. Then History Lurched", *The New York Times*, April 9, 2020.（https://www.nytimes.com/2020/04/09/opinion/inequality-coronavirus.html）

6 Gaby Hinsliff, "We used to moan about normal life, now our fear is we'll never get it back", *The Guardian*, 9 April 2020.（https://www.theguardian.com/commentisfree/2020/apr/09/brexit-britain-economy-coronavirus-gdp-figures-economic-growth）

第 4 章

1 靜哲人『英語授業の大技・小技』研究社，1999 年，36-39 頁.

2 Ben Westcott, "Chinese government reveals draft list of animals which can be farmed for meat", CNN, April 10, 2020.（https://edition.cnn.com/2020/04/10/asia/china-wildlife-law-coronavirus-intl-hnk/index.html）

3 Ibid.

4 "Ichiro Suzuki", Wikipedia. (https://en.wikipedia.org/wiki/Ichiro_Suzuki) ただし，
一部加筆.

5 Ibid. ただし，一部加筆.

第 5 章

1 ラリー・R・スクワイア，エリック・R・カンデル『記憶のしくみ』（上・下），小西史朗，
桐野豊監修，講談社，2013 年.

2 "Winston Churchill", Wikipedia. (https://en.wikipedia.org/wiki/Winston_Churchill)

3 "The Beatles: Quarrymen photo emerges on Fab Four split anniversary", BBC News,
10 April 2020. (https://www.bbc.com/news/uk-england-merseyside-52233396)

第 6 章

1 このあたりの練習は，誰でも使えるソフトウェアを上手に活用してみましょう．たとえば
Google ドキュメントで音声認識（「ツール」から選択）をオンにし，言語を English（United
States）もしくは English（United Kingdom）に指定し，pull / full / hat / cat といった語を含
めた文を発声し，どれくらい聞き取ってもらえるかを試してみるのです．一語単位のほう
がかえって難しいようです．また，単語の発音がわからないときは，機械の発音機能だけ
ではなく，ウェブ上で "web pronunciation" と入れれば，発音例が聞けます.

2 Aaswath Raman, "How we can turn the cold of outer space into a renewable re-
source", TED, April 2018. (https://www.ted.com/talks/aaswath_raman_how_we_
can_turn_the_cold_of_outer_space_into_a_renewable_resource/transcript). 第 9 章
の音声 42 でも取り上げます.

3 ウェブ上ではさまざまなヴァリエーションを聞くことができます. •)) 59
例）
◇イギリスの俳優イアン・マッケラン（Ian Mckellen）
　https://www.youtube.com/watch?v=4LDdyafsR7g
◇イギリスの俳優・演出家ジョン・ギールグッド（John Gielgud）
　https://www.youtube.com/watch?v=16YukA6C_Xc
◇イギリスの俳優ジョン・フィンチ（Jon Finch）
　https://www.youtube.com/watch?v=h-XTgC34IQQ
◇アメリカの映画監督・脚本家オーソン・ウェルズ（Orson Welles）
　https://www.youtube.com/watch?v=mcvh35RcoXA

第 7 章

1 廣野由美子『批評理論入門――『フランケンシュタイン』解剖講義』中公新書，2005 年.

2 志賀直哉『小僧の神様――他十篇』岩波文庫，2002 年，7-8 頁.

3 中島敦『ちくま日本文学全集　中島敦』筑摩書房，1992 年，25-26 頁.

4 同上，31-32 頁.

II　技術編

第8章

1　矢作三蔵著，William Phalon 監修『映画を聞き取りたい人のために／Listening to Natural English』開文社出版，1994 年，5 頁．ただし，音声は本書で作成．

2　同上，5 頁．

3　東後勝明『英会話のリズムとイントネーション』金星堂，1979 年，14 頁．

4　大場建治編訳『研究社　シェイクスピア選集 7　マクベス』研究社，2004 年，198-201 頁．

5　平井正穂編『イギリス名詩選』岩波文庫，1990 年，194-197 頁．

6　シェイクスピア『ソネット集』高松雄一訳，岩波文庫，1986 年，29-30 頁．

7　Tim Lowson, *5 Favourite Fairy Tales*, Ready-Ed Publications, 2007.

8　Wanz Kurniawan, *Fairy Tales for Kids*, BookRix, 2016.

第9章

1　Aaswath Raman, "How we can turn the cold of outer space into a renewable resource", TED, April 2018. Time zone 00:05-02:45.（https://www.ted.com/talks/aaswath_raman_how_we_can_turn_the_cold_of_outer_space_into_a_renewable_resource/transcript?rid=PLaVdlL0D0Lt#t-71998）

第10章

1　Heathrow Express.（https://www.heathrowexpress.com/news/2019/11/29/platform_7#/）

2　AccuWeather, April 11, 2020.（https://www.accuweather.com/en/severe-weather/blustery-winds-to-howl-across-northeast-threatening-damage/717686）

3　Purina.（https://www.purina.com/articles/cat/feeding/how-to-feed-a-cat）

4　"American Civil War", Wikipedia.（https://en.wikipedia.org/wiki/American_Civil_War）

第12章

1　"Screenwriter and LGBTQ Activist Dustin Lance Black", BBC Hardtalk.（http://www.bbc.co.uk/programmes/p056hnb7）．このウェブサイトでは，インタビュー全体（約 23 分）を聞くことができます．

2　Ibid. Time zone 03:13-03:33.

3　Ibid. Time zone 03:39-04:10.

4　Ibid. Time zone 06:00-07:10.

英語スクリプト・訳・解答例

I 理論編

[第3章]

⊘ •)) 02

[訳]

ちょっとお聞きしてもいいですか？

窓を開けていただけますか？

コーヒーでも飲みます？

どうしてわかるんですか？

電車，運行はどうなったんですか？／何で電車止まってるんですか？

だから何？

他に何か？

[解答例]

強い音節は「ノ」印の箇所．

Can I ásk you sómethíng?

Could you ópen the wíndow?

Hów about a cup of cóffee?

Hów do you knów?

Whát happened to the tráin service?

Só whát?

Ánything élse?

⊘ •)) 04

[訳]

体調を崩した人も，有給休暇がなく，仕事を休むことができませんでした．失業した人は健康保険も失いました．ロックダウン中のホワイトカラーの人たち（事務系の仕事をしている人）は，医療保険のない人たちが自分たちの身を危

険にさらしながら食事の配達をしてくれるのをあてにしていることに気づきました．貧しい家庭の子どもたちは，よその家なら当たり前のインターネットも，自分たちの親にはお金がなくて使えないという理由で，学校の勉強でさらに遅れをとることになりました．ルイジアナ州などに住むアフリカ系アメリカ人の死者数は，人口比に比べて不釣り合いに多くなり始めました．新型コロナウイルスはたしかに深刻な打撃でした．しかし，元々あった問題のために，アメリカは本来そうでなくてもいいほど脆弱な状態に陥っていたことがすぐに明らかになったのです．

⊘
•))
05
[訳]

このコロナ禍が最初に始まったときは，経済への打撃は痛烈ではあっても何とか短くてすむ局所的なものと言われていた．感染拡大を止めるために日常の生活が阻害され，経済の落ち込みがあっても，Ｖ字回復がのぞめる，つまり，衝撃があってもすぐに回復するだろう，とされていたのだ．このパンデミック初期に出てきた，その他数多くのお気楽な予測と同じで，こうした見通しはおそろしく過信に満ちていたようだ．

元いた地点に戻るだけだ，といっても，その「元いた地点」がすでに多難だったのが何より問題だ．今日発表されたGDPの数値は２月までの３ヵ月間を対象にしたものである．この時期，コロナ問題は旅行業界，観光業界にじわじわ悪影響を与えつつあったものの，都市封鎖（ロックダウン）が始まるまでには，まだ数週間あった．それでも経済成長率は全体として0.1パーセントあたりで停滞し，最後の４週は下降しつつあった．神がかったような「ボリスあげ効果」などからはほど遠く，イギリスのEU離脱が荒れたものになりそうなこともあって企業マインドは冷え込んでおり，我々は景気後退の瀬戸際にいた可能性がある．危惧されるのは，新型コロナウイルスそのものと同じように，この危機の後の経済の状況が，それ以前から問題を抱えていた人びとにこそ最も重くのしかかるかもしれないことである．そこにはもともとの経済状況はそれほど悪くなかったのに，よりによってこのタイミングで自滅的な選択をする西洋の国々も含まれる．

⊘
•))
07

［訳］
中国政府は武漢の海鮮市場の野生動物から広まったという疑いのある新型コロ
ナウイルス感染の拡大をうけて，食肉用の飼育が許可される家畜リストの新し
い草案を公表した．

⊘
•))
09

［訳］
北京の中国政府当局は，全世界に拡大し，160 万人以上が感染している新型
コロナウイルスの蔓延をうけた措置として，食用目的での野生動物の取引を一
時的にすべて禁止したが，新しい法律は，現在まだ制定に向けた作業が進めら
れているところである．

⊘
•))
10

［訳］
イチローはマーリンズで 3 シーズンをプレーしたのち，2018 年にマリナーズ
に戻った．イチローは数々の打撃記録を樹立し，メジャーリーグのシーズン最
多安打 262 本も放った．10 シーズン連続の 200 本安打は，前人未到の記録
である．日米通算で打った安打数は一軍レベルのプロ・リーグの選手の中で最
多で，メジャーリーグでの安打数はこれまでの日本生まれの選手の誰よりも多
い．

［解答例］
強めに発声された音節を「ˊ」印で示しました．
Íchiro played thrée séasons with the Márlins before retúrning to the Máriners
in 2018. Íchiro estáblished a númber of bátting récords, including Major League
Baseball (MLB)'s síngle-séason récord for híts with 262. He achíeved 10
consécutive 200-hit séasons, the lóngest stréak by ány pláyer in hístory.
Between his májor léague caréer in bóth Japán and the Uníted Státes, Íchiro
has the móst híts by ány pláyer in tóp-tíer proféssional léagues. He álso has
recórded the móst híts of áll Jápanese-bórn pláyers in MLB hístory.

⊘
•))
11

［訳］
イチローは日本のプロ野球（NPB）とメジャーリーグでプレーした期間に，
17 シーズン連続でオールスター戦に選出されるとともにゴールデングラブ賞

にも輝いている．また首位打者のタイトルは9回獲得し，最優秀選手（MVP）
には4回選ばれている．NPBでは7年連続で首位打者，3年連続でパシフィ
ック・リーグの最優秀選手に選ばれた．

［解答例］

In Ichiro's combined playing time / in the Nippon Professional Baseball
（NPB）and Major League Baseball（MLB），/ he received 17 consecutive
selections / both as an All-Star and Gold Glove winner, / won nine league
batting titles / and was named Most Valuable Player（MVP）four times.
While playing in the NPB, / he won seven consecutive batting titles / and
three consecutive Pacific League MVP Awards.

［第5章］

◎
•))
13
［訳］

チャーチル政権は五人のメンバーによる戦時内閣として始まった．枢密院議長
にはチェンバレン，王璽尚書（後に副首相）には労働党党首のクレメント・ア
トリー，外務大臣にはハリファックス，そして労働党のアーサー・グリーンウ
ッドが無任所大臣となった．実際には，これら五人のほか，軍の参謀長や大臣
などが大半の会議に加わっていたので総勢は多かった．

◎
•))
14
［訳］

これまで世に出ることのなかったザ・クオリーメン時代の写真に，ビートルズ
結成1年前のポール・マッカートニー，ジョン・レノン，ジョージ・ハリス
ンが写っている．この写真は1959年，リヴァプールの住居で撮られたもので，
マッカートニーがビートルズからの脱退宣言をして50年目という節目の年に
出てきた．「薄暗い細部の隅々に歴史が光る」とビートルズ史家として知られ
る作家のマーク・ルイソンは言った．「この写真が撮影されて1年もたたない
うちに，ザ・クオリーメンはビートルズとなり，ハンブルクで長時間演奏する
プロのバンドとなった」という．「4年もたつと，彼らはとんでもないほどの
名声と人気を得て今に至る．そのすべてがこのリヴァプールの部屋からはじま
り，世界中に広まったんだ」．レノンはロッド・デイヴィス，ピート・ショッ
トン，コリン・ハントン，エリック・グリフィス，レン・ギャリーらとともに
1957年のはじめにスキッフルとロックン・ロールのバンドを作った．その後，

このバンドにマッカートニーとハリスンが加わる. マッカートニー, レノン, ハリスンの三人にピート・ベストが加わってビートルズとなり, 1962 年 8 月にピート・ベストに代わってリンゴ・スターが加入する.

[第 6 章]

20
[訳]
私は仲間とともに多くの時間を費やし, 極小スケールで材料を作る方法を考えています.

(Translated by Hiroshi Uchiyama, Reviewed by Masaki Yanagishita.)

[英文スクリプト] [解答例]

My colleagues and I spend a lot of our time <u>thinking</u> about how we can structure materials at very small length scales such <u>that</u> <u>they</u> can do new and useful <u>things</u> with light.

21
[訳]
私たちが使った素材を大規模に製造する方法は, すでに存在しています.

(Translated by Hiroshi Uchiyama, Reviewed by Masaki Yanagishita.)

[英文スクリプト] [解答例]

The <u>manufacturing</u> <u>method</u> we used to actually <u>make</u> this <u>material</u> already exists at large volume scales.

22
[訳]
人生は歩き回る影法師, あわれな役者,
舞台の出のあいだだけ大威張りでわめき散らすが,
幕が下りれば沈黙の闇. (大場建治訳)

II 技術編

[第 9 章]

⊘
•))
34　[解答例]
　　When I came home, / father was watching TV.

⊘
•))
40　[解答例]
　　①「彼が日本人だからといって，そんな口のきき方をしてはいけない」

⊘
•))
41　[解答例]
　　②「彼は日本人なのだから，そんな口のきき方をしてはいけない」

•))
42　[訳]
　　子供のころ毎年夏になると，カナダの家から祖父母のいるインドのムンバイに旅行しました．カナダの夏は気温が上がっても穏やかという程度です．気温は摂氏 22 度，華氏なら 72 度くらいが一般的な夏の気温で，さほど暑くありません．ところがムンバイは暑く多湿で，摂氏 30 度，華氏なら 90 度にもなります．ムンバイに到着するとすぐに「どうしたらこんな気候で生活し，働き，寝ることができるの？」と尋ねました．更に悪い事には，祖父母はエアコンを持っていませんでした．かなり頑張ってはみましたが，エアコンを買うよう説得するのは無理でした．でも，そんな状況は急速に変わりつつあります．

　　冷却系で使われる電力は，世界の全電力使用の 17 パーセントにも上ります．この数字は，私が夏休みに喉から手が出るほど欲しかったエアコンも，食料を安全に冷たく保存できるスーパーマーケットの冷蔵システムも含んでいますし，データセンターが稼働するための工業的な規模のシステムも含みます．冷却システム全体で，世界の温室効果ガス発生量の 8 パーセントを占めます．

　　しかし，私を悩ませるのは，冷却に利用されるエネルギーは 2050 年までに 6 倍に膨らみ，アジアやアフリカの国々での利用拡大により，激増する可能性があります．私はこの目で見てきました．祖母の家の周りでも，ほとんどのアパートで今はエアコンがあります．これは高温の環境で暮らす人々にとって，健康や生活条件や生産性といった点ではとても良いことです．ただ，気候変動に

関わって憂慮すべきなのは，地球が暖まるにつれてどんどん冷却システムが必要になる上に，そのシステム自体が温室効果ガスの巨大な発生源となるのです．こうして悪循環に陥るかもしれません．冷却システムだけでも，21 世紀の後半には温室効果ガスの最大の発生源となる可能性があるのです．最悪のケースでは，2100 年までに毎年 10 兆キロワット時を超える電力が冷却のために必要になるかもしれません．この数字は現在の電力供給量の半分に当たります．冷却だけでです．しかし同時に，これは私たちにチャンスを与えてくれます．全冷却システムの効率が 1 ～ 2 割向上するだけで，温室効果ガスの発生量に大きな影響を与えられるかもしれません．今でも，そしてこの先でも，ひどい悪循環を避けるのに役立つかもしれません．

　（Translated by Hiroshi Uchiyama, Reviewed by Masaki Yanagishita. ただし，本書では句読点を加筆した）

［第 10 章］

🔊
ᵒ))
44　［訳］
これまでに当社をご利用になったことのあるお客様は，たいていどこかのホームに列車が待機して乗車できる状態になっていたのをご存じでしょう．

これから 2021 年のはじめまで，ロンドンのパディントン駅発のヒースロー急行は，月曜から金曜日まで 5 時から 21 時の間，7 番線のみからのご利用となります．これは既存のパディントン駅のホームを使いながら，グレート・ウエスタン鉄道および TfL 線とともにロンドン西部に向けて，これまでより多く，さらに高速の列車を運行する事業を進める間の処置です．

🔊
ᵒ))
45　［訳］
金曜日は，突風がかなり強くなって吹き荒れたために木が折れたり，局所的に停電が起きたりしました．大雨と雷を伴った嵐がペンシルヴァニア，メリーランド，ニュージャージーからニューイングランドの南部にまで及んだので，危険な突風が相次いで発生したことが報道されました．

🔊
ᵒ))
46　［訳］
自然の中では，猫はあたりを見渡せる位置にいることを好みます．そうすることで，自分と争ったり，自分を餌食にしたりする者が近づくのを察知するため

です．だから，どこにエサの皿を置くかは，猫が食事時にどれだけくつろげる
かに大きく影響します．

ヒント1：部屋の隅にエサの皿を置くと，猫をぴりぴりさせてしまいます．ま
わりが見渡しにくいからです．他に猫や犬がいる家ほど，この傾向は強くなり
ます．

ヒント2：緊張をやわらげるには，猫の視界がなるべく広がるよう，エサの皿
を広いスペースのあるところに置いてみてください．

② ●) 49 ［英文スクリプト］

In the 1860 presidential election, Republicans, led by Abraham Lincoln, sup-
ported banning slavery in all the U.S. territories. The Southern states viewed
this as a violation of their constitutional rights, and as the first step in a grander
Republican plan to eventually abolish slavery. The three pro-Union candidates
together received an overwhelming 82% majority of the votes cast nationally:
Republican Lincoln's votes centered in the north, Democrat Stephen A. Doug-
las' votes were distributed nationally and Constitutional Unionist John Bell's
votes centered in Tennessee, Kentucky, and Virginia. The Republican Party,
dominant in the North, secured a plurality of the popular votes and a majority
of the electoral votes nationally; thus Lincoln was constitutionally elected
president. He was the first Republican Party candidate to win the presidency.
However, before his inauguration, seven slave states with cotton-based econ-
omies declared secession and formed the Confederacy.

［訳］

1860年の大統領選挙で，エイブラハム・リンカーン率いる共和党は，すべて
の米国領土での奴隷制の禁止を支持しました．南部諸州はこれを自分たちの憲
法上の権利の侵害と見なし，共和党のもっと大きな計画として最終的には奴隷
制度を廃止しようとするものだと考えました．連邦派の候補者は三人合わせて，
国全体の82％という圧倒的過半数の票を獲得しました．内訳は，共和党のリ
ンカーンの票は主に北部，民主党のスティーブン・A・ダグラスの票は全国か
ら広く，立憲連邦党のジョン・ベルはテネシー，ケンタッキー，およびヴァー
ジニアといった州から得た票です．北部で優勢な共和党は，一般投票の多数と，

全国選挙人投票の過半数を獲得しました．こうして，リンカーンは憲法上，正式に大統領として選出されました．共和党から大統領に当選したのは彼がはじめてです．しかし，彼の就任前に，綿花に経済を依存する七つの奴隷州が離脱を宣言し，同盟国を結成したのです．

［解答例］
① 3 人　②③ Abraham Lincoln, Stephen A. Douglas, John Bell

[著者紹介]

阿部公彦 (あべ まさひこ)

東京大学大学院人文社会系研究科・文学部教授．専門は英米文学研究．1966 年生まれ．東京大学大学院修士課程修了，ケンブリッジ大学大学院 PhD 取得．著書に『モダンの近似値』『即興文学のつくり方』（以上，松柏社），『英詩のわかり方』『英語文章読本』『英語的思考を読む』（以上，研究社），『スローモーション考』（南雲堂），『小説的思考のススメ』『詩的思考のめざめ』『善意と悪意の英文学史』（以上，東京大学出版会），『文学を〈凝視する〉』（岩波書店，サントリー学芸賞受賞），『幼さという戦略』（朝日選書），『史上最悪の英語政策』（ひつじ書房），『名作をいじる』（立東舎）など．翻訳に『フランク・オコナー短編集』（岩波文庫），マラマッド『魔法の樽　他十二篇』（岩波文庫）など．

[ナレーター紹介]

ローレンス・ウィリアムズ (Laurence Williams)

オックスフォード大学で PhD を取得後，カナダ・マギル大学，東京大学をへて，現在上智大学外国語学部准教授．研究領域は，英文学・日本文学から東西交流史まで広範囲をカバーする．「東京人文学プロジェクト (Tokyo Humanities)」(https://www.tokyohumanities.org/) の創設メンバーで，人文学系のイベントを数多く主催している．JET プログラムでの来日経験もある．

エリカ・ウィリアムズ (Erica Williams)

米ワシントン D.C. 出身，日本在住歴 10 年．2014 年，出版エージェンシー「ペーパークレーン (Paper Crane)」を創業し，日本語刊行物の海外での販売を手がけてきた．欧米および日本の出版・編集プロダクションで，編集からプロデュース，プロジェクト管理などを行った経験があり，ライセンス処理の業務にも詳しい．音声録音の経験も豊富．

理想のリスニング

「人間的モヤモヤ」を聞きとる英語の世界

2020 年 10 月 9 日　初　版

［検印廃止］

著　者————→阿部公彦
発行所————→一般財団法人 東京大学出版会
代表者————→吉見俊哉
　　　　　　153−0041 東京都目黒区駒場 4−5−29
　　　　　　http://www.utp.or.jp/
　　　　　　電話 03−6407−1069　Fax 03−6407−1991
　　　　　　振替 00160−6−59964

ナレーション————→Laurence Williams／Erica Williams／阿部公彦
音声録音————→株式会社映音空間

装幀・本文デザイン→株式会社デザインフォリオ
組　版————→有限会社プログレス
印刷所————→株式会社ヒライ
製本所————→牧製本印刷株式会社

ここに表示された価格は本体価格です．ご購入の
際には消費税が加算されますのでご了承ください．